# プロ野球「名言妄言」伝説1200

スポニチ隠しマイク

さくら舎

◆目次　プロ野球「名言妄言」伝説1200

# プロ野球「名言妄言」伝説
# 1200

# 第1章 「いや、おまえじゃないよ。なんでおまえなんだ！」

ＤｅＮＡ・中畑監督は大阪城公園を散歩中、聞こえてきたサンバのリズムに突然踊りだし
「ナンバ！」

日本ハム・栗山監督はオリックス戦で敬遠の四球にもかかわらず、一塁へ向かわずベンチに戻ろうとした大谷について「大バカヤローを通り越している。裸で家を出るようなもん」

照明設備がＬＥＤ化された横浜スタジアム。ヤクルト・雄平は「虫ってＬＥＤ見ると死ぬらしいんです。僕も死なないように気をつけます」

試合前に「水、シドニー、水、シドニー」と意味不明な言葉を繰り返していたソフトバンク・松田。ホームランテラス本塁打の賞品が、右翼はシドニー無料航空券、左翼は水１年分。

早朝に秋田市内の池周辺をランニングしていた楽天・大久保監督は遠くを泳いでいた２羽のカモを見て「ヘイ、カモン！」。得意のオヤジギャグが通じたのか２羽同時に振り向きました。

日本ハム・栗山監督は開幕ローテについて「まだプレーンな状況。ヨーグルトじゃないよ!?」

ヤクルト・山田は神宮で「山田哲人ハイボール」が販売されていることに「僕はローボールがいいです」。22歳、こん身の「おやじギャグ」でした。

ヤクルト・石川は、ファンの女の子から「優しいところが好き」と言われ「俺、バファリンだもん」。半分は優しさでできています。

試合前の練習で内野ノックを受けていた外野手の巨人・鈴木は「ヘイ!カモンベイベー!いいノックだ、メイビー!」。いいノックかもしれないとは?

ヤクルト・真中監督は、練習場へ向かう道の青信号が点滅しそうな雰囲気を察知し「次にしよう。肉離れしたら困るから」

ソフトバンク・内川は、練習前にあいさつに訪れた日本ハム・杉谷に向かって「元気か？最近、隠しマイクでしか名前を見ないぞ！」

阪神ファンの少年から声援を受けたヤクルト・田中浩。「将来はヤクルトの選手になってね」「野球やっていません」「ヤクルト本社の社員でもいいよ」。ヤクルト側に引き込もうと必死でした。

楽天・田代打撃コーチは練習中、突然雨が降りだすと、小柄な記者に「雨にぬれたら縮むぞ」。そんな迷信は聞いたことがありません。

楽天・大久保監督は、担当記者がタオルをズボンのポケットからぶら下げている姿を見て「田植えか!」。確かに農家スタイルでした。

ヤクルト・真中監督は前を歩く丸山監督付広報について「最近、映るのを意識して身だしなみに気を使うようになった。美容院を2カ月に1回から1カ月に1回にしたらしい」

DeNA・中畑監督は頭部死球で負傷退場したバルディリスの様子を気にしていた中日・近藤投手コーチに「きょうは休む。おまえも休むか。会話がかみ合ってないな。俺が何言ってるか分からないだろう。俺も分からない」

楽天・大久保監督は名古屋城付近に停車する大型バイクを見て「バイクってデブが似合うんだよ」。昔、ハーレーに乗っていたそうです。

DeNA・中畑監督は男性ファンに写真撮影を求められ「おまえ、毎日来てるよな。俺もだよ」

ＤｅＮＡ・中畑監督はタレント・松村邦洋と談笑。就任1年目の春季キャンプでインフルエンザに感染したことに「野村監督もかかってました」と言われ「名監督はみんなかかるんだな」

ソフトバンクは南海時代の緑色のユニホームを着用。大道打撃コーチは川島に向かって「グリーンピースやん」。1メートル71の小兵選手です。

ヤクルト・真中監督は、開幕戦で監督初勝利を挙げた前夜に「興奮というか、ちょっと寝つきは悪かったかな。5分くらいかかった」。普段は1分ほどだそうです。

ＤｅＮＡ・中畑監督は試合前に二日酔いであることを明かし「きのう、紹興酒を商工会議所の会長に飲まされてさ。あれ？違ったっけ。誰だったっけ…」。ダジャレも未完成のままでした。

ウオーキングが日課の西武・田辺監督。この日は、球場の外野を歩き続け「〝ハイサイおじさん〟って歌があるけど、俺は〝徘徊（はいかい）おじさん〟だな」

オープン戦で好調だったＤｅＮＡ・中畑監督は開幕に向けての不安要素を聞かれ、「俺の慢心だろ。おだてりゃ天に昇るタイプだから。選手も心配しているんじゃないか？」

楽天・大久保監督は三塁側ベンチに腰掛け、足元にヒーターがあることを知り「焼き豚か」。自分でツッコミを入れていました。

楽天・大久保監督は、侍ジャパンに合流するためチームを離れた銀次について「大丈夫かなあ。お上りさんだし、東京が似合わないからなあ」。上京する我が子を見送る父親のよう。

西武・上本は甲子園の三塁側ベンチで目に涙を浮かべる担当記者を見て「やっぱり記者も甲子園に来ると感動するんですね」。花粉症です。

西武・脇谷は試合前の練習中、本紙スポニチの記者を見かけて「おはよう！ポコニチ！」。なんだか、ひわいな言葉です。

ヤクルト・江花ブルペン捕手は欠席者がいないか調べていた記者に「みんな青山テルマだよ」。「ここにいるよ」ということですね。

楽天・松井裕は坂道ダッシュのノルマが20本と聞き、星洋介トレーナーに「青春アミーゴを歌うから3本減らしてください」。交渉実らず、減りませんでした。

日本ハム・白井内野守備走塁コーチ兼作戦担当は、２年目の渡辺に痛烈な内野ノックを浴びせ「見えもプライドもいらん。俺が欲しいのはアウトや！」

ロッテ・クルーズは暖をとるためにベンチ内に置かれた炭の入った一斗缶の前に立ち「ヤキニク、オネガイシマ〜ス。ハラミ、トントロ、タン、イイデスネ〜」

巨人・大西外野守備走塁コーチが、グラウンド整備のアルバイト男性とキャッチボールし「いい球を投げるよ。俺がスカウトならＣ評価をあげるね」。同コーチは元スカウト。

楽天のドラフト６位新人・加藤（ＪＲ東日本東北）はお笑いコンビ「フットボールアワー」の岩尾似で、愛称「のんちゃん」。社会人時代のニックネームを問われ「色が黒かったので〝カラス〟でした」

ＤｅＮＡ・中畑監督が、ファンが抱く赤ちゃんに向かってひと言。「パパだよ」。違います。

西武・田辺監督は左ふくらはぎ痛が完治し、毎朝の散歩中にジョギングを開始。バテバテの報道陣に向かって「記者も走ろう！汽車のように」。そのダジャレが疲労を倍増させます。

「私はMです」という文字がプリントされたTシャツを着て筋力トレーニングしていた菊池に西武・上本が一言。「〝ド〟が抜けてるぞ」

ソフトバンク・鳥越内野守備走塁コーチはキャンプ紅白戦で2打数2三振の柳田を見つけると「扇風機はまだ早いぞ！寒いわ！」

大量のプレゼントをもらって球場から引き揚げてきたが、なぜか険しい表情のソフトバンク・鳥越内野守備走塁コーチは「全部、男からや！」

柳田の取材への受け答えを観察したソフトバンク・高田が「記者殺しですね」。そうです、もう少しサービスコメントをお願いします。

日本ハム・柏原打撃コーチはダッシュで出遅れた2年目・石川亮に「おまえ、米俵でも担いでんのか」。ヤジが厳しすぎます。

谷繁兼任監督が鬼役で飛び入り参加した豆まきで、恐る恐る指揮官に豆を投げつけた中日・大野。「お面を外しても一緒でしたね。また鬼が出てきた…なんてこと言えませんよ！」

ＤｅＮＡ・篠原投手コーチはノックで頭上のフライを見送った井納に「そこはヘディングだろ！頭出せよ！」。競技が違います。

練習前、恒例の声出しで楽天・島内は天才バカボンに登場する「ウナギイヌ」に似ていることから「４年目、うなぎです。今年は特上うなぎになります！」。ビッグな活躍を期待します。

ロッテ・清田は、練習の合間にハフマンと楽しげに雑談。英語で会話していたそうで「〝マイガール、ワン！〟って教えてやりましたよ」。娘が１人いるということだそうです。

キャッチボール中のオリックス・中山が「かみそりシュート投げます」と幕田トレーナーに投じたが、「これじゃ、ひげそりやな」

内野ノックの打球を後逸した青森出身の細川に対し、ソフトバンク・鳥越内野守備走塁コーチは「もう、いらん。帰れ、帰れ、帰れ。青函連絡船に乗っとけ」。残念ながら１９８８年に廃止されました。

巨人・鈴木は前日の試合後の過ごし方を聞かれ「みなもとしずかでした」。静かにおとなしくしていたという意味のようです。

日本ハム・中田は、ロングティーで飛距離を誇らしげにする陽岱鋼（ヨウダイカン）に「4番やりたいやりたい言うなら、もっとホームラン打ってからにせえよ！」。中田は後輩です。

巨人・大野1軍サブマネジャー兼用具係は、松井臨時コーチが坂本を相手に打撃投手を務めている最中、報道陣に対し「もうゴリラ投げてるの？あ、間違えた。ゴジラだ」。長年の付き合いだからこそできる間違いです。

スペイン語で通訳と会話をしていたヤクルト・ロマン。通り掛かった藤井に「何語？」と聞かれると「♪レリゴ〜、レリゴ〜」

日本ハム・栗山監督は前半戦総括を問われ「〝おいしい夕張メロンができました。それをナイフで半分にしました〟みたいな感じかな」。よく分かりません。

1週間前から結石で苦しんでいたロッテ・大迫トレーニングコーチ。沖縄本島入りした日に石が出たそうで「眼鏡ケースに入れて保存してるんだ。奇麗なもんだよ。ちなみにセピア色だぜ」。チームのみんなに見せているそうです。

楽天・星野監督は出身大学について「俺は明治大学の野球学部、投手学科だったな」。野球に打ち込めそうな学部ですね。

早朝に沖縄県名護市内の宿舎にあるカフェで報道陣と談笑していた楽天・星野監督はコーヒーを持ってきた店員に「皿はいらんよ。その分、まけといてな」

楽天・片山は「2歳の娘のマイブームは、なぜか自分の股の下を通過すること。たまにジャンプするから怖いんですよ」。大事なところは、しっかり守りましょう。

ヤクルト・ミレッジは女性担当記者に優しい声で「君はきのうも俺を見ていただろう。あしたも俺を見ていてくれ」。それが仕事ですから。

2打数2安打で勝利に貢献した広島・天谷。「良かった。オヤジが打たせてくれた…って、まだ元気だけど」。福井に住む父・鉄雄さんはこの日、還暦を迎えました。

試合前に異例のトークショーを行ったソフトバンク・五十嵐。司会者が締めくくろうとした際、ファンから起きた「え〜」の声に「(笑って) いいともに出てるみたいですね」

最近白髪が増えたヤクルト・雄平。「僕もいろいろ考えているんですよ。走攻守とか。…紹興酒とか、テヘッ」

ソフトバンク・松田はベンチ裏で「社長！きょうも勝ちますよ。頑張りましょう」と絶叫。相手は球団社長ではなく、出入りのクリーニング業者の社長さんでした。

投手陣にノックを打っていた楽天・森山投手コーチは、東福岡出身であだ名が「東」の森が失策すると「コラ、東、なめてんのか、コノヤロー」。ビートたけし？

慣れない遊撃守備に悪戦苦闘中で、打撃でも4打数無安打に終わった高橋周に、中日・谷繁監督は「ベンチで頭に氷嚢（ひょうのう）を乗せてやろうか？と言ったんだけどね」。知恵熱？

バント練習をしていたソフトバンク・柳田はコントロールが乱れる打撃マシンに対して鬼の形相。「ちゃんと投げんから、ガン飛ばしたっす」。その後、ウソのようにコントロールが改善されました。

ＤｅＮＡ・中畑監督が練習を見ながらポツリ。「野球は盗んだりとか刺したりとか、性格の悪いヤツのスポーツなんだよな。だから俺には合わない。人間が良すぎるんだよ」

闘将ラストゲームのため、コボスタ宮城にスーツ姿の報道陣が大挙。楽天・星野監督は「おまえら、まさか俺の葬式でもやるつもりか」

ＤｅＮＡ・中畑監督は西武戦（横浜）で本塁打を放った白崎に「ホームランバッター！」と声を掛けると黒羽根が振り向き「いや、おまえじゃないよ。なんでおまえなんだ！」

日本ハム・中田はベテラン・稲葉とのすれ違い際に「えっス」。これには稲葉もすかさず「えっスってなんだ。そんなあいさつは聞いたことがないぞ」

来日3日目の楽天・ユーキリスはエキゾチックな顔立ちの同僚・福山を見て「おまえはメキシコ人だろう」

1軍昇格したヤクルト・比屋根。担当記者の質問に答え終わって「大丈夫ですか？ちゃんとしゃべれてました？ファームにいたので、ずっと話していなかったんで」

ソフトバンク戦での守備で、ファウルボールを下腹部に当て、途中交代した西武・炭谷。「やばいです。2倍になっちゃってますよ」

下唇内側を3針縫合しながら出場を続けるオリックス・糸井。「食事は食べられるし大丈夫。でも…キッスができない」

新調した真っ赤な手袋とレガースを着けて打撃練習に向かったロッテ・加藤翔。新ユニホームのテーマが「情熱の赤」ということもあり「ムラムラ燃えています」。メラメラの間違いでは？

ソフトバンク・藤本打撃コーチは、不振の柳田へのアドバイスを聞かれ「ネガティブはダメだと言ったよ。ネガティブの意味は分かってなかったけど」

試合前、両手の指先を眺めていた西武・田辺監督代行。「最近、爪が伸びるのが早いんだよな…。采配の詰めが甘いからかな」

楽天・星野監督はクロスカントリースキーとライフル射撃を組み合わせた種目「バイアスロン」について「ゴルゴが出場したら凄そうやな」。デューク東郷は国籍不明です。

宿舎から読谷球場まで約2キロの距離をチームバスやタクシーを使わず徒歩で移動している中日・山本昌。「お年寄りが皇居の周りをよく歩いているでしょ。あれと一緒」

オリックス戦で大敗した楽天・星野監督は「タオルがあったら試合の途中で投げとったよ」

連敗スタートとなったＣＳファイナルステージに、巨人・長野は「黒と白のＴシャツで負けたので、きょうはグレー！」。あまりゲン担ぎになっていない気が…。

ソフトバンク・松中は日本シリーズの思い出を聞かれ「〝ムネりーん〟と呼ばれた川崎が振り返ったら、〝何振り向いとるんじゃ、ボケ〟と若い女の子のファンが凄んでたことかな」。阪神戦ですね。

グラウンド出入り口の高さが低い静岡・草薙球場。選手が次々に頭をぶつける姿に、ベテランの楽天・斎藤は「ここは茶室の入り口と一緒。わびさびの効いた球場なんだよ」

ＤｅＮＡ・中畑監督はヤクルト戦でセーフティーバントを決めた山崎について「あそこでセーフティーやってくれないかと思ったんだよ。テレパシーだね。シンパシー？中年の人たちが集まる場所だろ」。それは新橋です。

試合前、マウンドにかぶせた雨よけシートを見た西武の星孝は「味を閉じ込めてるんですね」。料理の落としぶたとは違います。

巨人・鈴木尚は台風８号の影響で外出禁止だった前日の過ごし方を聞かれると「台風と会話してました」。何語で話すのでしょうか。

ヤクルト・小川監督は、以前読んだことがある本を買ってしまったという話を披露。「家に3冊も同じ本があるんだよ。そういうことあるでしょう?」。首を横に振る報道陣を見て「老いか…」

投手から野手に転向した西武・木村。自身の潜在能力について問われ、「え!夜のですか?」。いえ、打撃の話です。

グラウンドに登場したヤクルト・小川監督は、両手を顔の前でクルッと回し「グッドモ～ニング」。NHK連続テレビ小説「花子とアン」にハマっているそうです。

演歌歌手・北島三郎似の楽天・福山は仙台市内の小学校を訪問するためにコボスタ宮城を出発する際、チームスタッフに「これから八木山(動物園)?」と振られて「誰が猿や!」

楽天・ファルケンボーグは、大勢の報道陣に囲まれる星野監督を見て「ボスは友達がたくさんいていいなあ」。友達ではありませんよ。

幼少期のニックネームを問われたヤクルト・小川監督は「電信柱かな。デカくてただ立っているだけだったから」。1メートル86と長身の指揮官です。

ヤクルト・小川監督は阪神戦前、厳しい采配も振る「鬼宣言」をしていたが、大敗を喫し「きのうは鬼退治されちゃったな…」

ソフトバンク・バリオスは決起集会で焼き肉に舌鼓を打ったが「カピバラ、イチバンスキ」。日本では動物園で人気のカピバラは母国・ベネズエラでは食用で人気だそう。

試合前に右太腿に痛みを感じたというロッテ・中村バッテリーコーチ。目の前にいた担当記者に「きのうの夜中、わら人形の足の部分にクギを刺しただろ。頼むからやめてくれよ！」。していません。

俳句の街・松山でヤクルト・雄平が一句。「〝松山で　夏ツバメたち　士気上がる〟。士気と正岡子規を掛けました」。会心のドヤ顔も、報道陣の驚きの表情を見て「すみません、近藤通訳がほとんど考えました…」

走塁練習で二塁から三塁を回ったヤクルト・畠山が、何やら興奮気味。「ウ〇コ落ちてる！細長いやつ！」。とっても楽しそうでした。

第1子となる長女が生まれた西武・森本稀哲（ひちょり）。報道陣に名前の候補を聞かれて、笑顔で「チョリ子です」

広島戦でプロ入り初の4番に起用されたヤクルト・雄平は「高校2年の時は4番で、高校4年の時は3番で…。あれ?高校3年か」。とっても記憶が曖昧でした。

雨中の練習に現れたヤクルト・小川監督は、天然パーマの斎藤充弘査定担当について「雨だと髪がクルクルしてくるから、斎藤に聞けば天気が分かるんだよ。斎藤予報だね」

出場選手登録された西武・渡辺直が「真っ黒になっちゃったよ」と2軍の練習で日焼けした顔を指さした後で、今度はおなかを指さして「ここも」。腹黒いってことですか?

ヤクルト・バレンティンは、焼き肉店では太らないように白米を食べないそうで「ライス、イート、ハタケヤマスタイル」。体重96キロの同僚・畠山を指していましたが、自身の体重は100キロ。

DeNA・中畑監督は広島・前田健の攻略が試合の鍵かと聞かれ「当たりマエケンよ」。そこは〝当たりマエダ〟でいいのでは…。

試合前、外野からの送球練習を始めたソフトバンク・柳田。捕手役を務めた鳥越内野守備走塁コーチは「警報発令。警報発令!」。強肩の暴投を恐れ、付近でキャッチボールをしていた選手に注意を呼び掛けていました。

コンディション不良でベンチを外れた楽天・銀次について、星野監督は「地元の岩手に帰って漁師になるみたいだぞ」

ロッテ・中村バッテリーコーチは、頭を丸刈りにしたばかりの江村がバント練習で失敗すると「しっかりしろよ！お寺に入れるぞ！」

髪の量が多いDeNA・前田チームサポーターは阪神・オマリー打撃コーチ補佐に話しかけられたことを明かし「今まで話したことが全然ないんだけど、俺を見て〝カミハイツキリマスカ？〟って聞かれたよ」

円陣でものまねを披露するなどムードメーカーになりつつある巨人・大竹。ロペスに「ヘイ、コメディアン」と声をかけられ「ノー！ベースボールプレーヤー！」

西武・野口広報は目のかゆみを訴えたが「花粉症じゃありません。認めたら負けなので」。今度は目薬を取り出し「差しません。差したら負けなので」。早く差してください。

鼻水が止まらないDeNA・中畑監督はティッシュを鼻に詰めたが、「苦しい…酸素がない。エラ呼吸しないと」

動体視力を高めるために相手が投じた２つの球を右手と左手で同時にキャッチするトレーニングをしていた楽天・福山を見て、小山伸が「ゴリラがリンゴを拾ってる…」

身体能力抜群のヤクルト・雄平の打撃について、小川監督は「打席の中で何かを考えるよりも、本能でプレーした方がいい」と持論。指揮官の意見を聞いた雄平は「僕は何も考えていません」

ヤフオクドームで全体練習を行った楽天・星野監督は、テスト生で身長２メートル16のファンミルを見て「誰か竹馬を用意せい」。闘将は負けず嫌いです。

運搬用の台車に乗り、上機嫌で腰を振るソフトバンク・李大浩（イデホ）。「ソチ、ソチ、イエイ、イエイ！」。スノーボードのまねだったようです。

報道陣と馬について話していた楽天・星野監督は「今年は馬に乗って球場に行こうかな。そうなると、鎧（よろい）も着ないとな」。ぜひとも、乱闘時はほら貝を吹いてください。

北海道鹿追町の応援大使を日本ハム・中田と一緒に務めている杉谷は同町関係者から特産品を贈呈され「（同町の）然別峡温泉をＰＲできるよう頑張ります」。隣で聞いた中田は「さっき携帯で調べてましたよ」

日本語を勉強中の楽天・ユーキリスは何やらぶつぶつ。こっそり聞いてみると「クッシン、クッシン…」。「屈伸」の前に覚えた方がいい言葉はたくさんあるのですが…。

ＤｅＮＡ・山下大輔ＧＭ補佐は写真撮影しようとしたファンに対し、自身の頭をなでながら「フラッシュはいらないよ」。確かに、まぶしすぎます。

ブルペンで投球練習する中日・岡田。開幕カードで対戦する広島を想定して打席に立った小山ブルペン捕手の「堂林！」に「苦手です！」「じゃあ、梵！」「もっと苦手です！」

来日したばかりの楽天・ユーキリスは、報道陣に「チームメートから何と呼ばれているのか？」と問われ「ブラッド・ピットかな」。周辺を取材した限り、そのような事実はありませんでした。

日本ハム・中田にノックをしていた白井守備兼作戦担当コーチは「ボールを怖がるんじゃないよ。ボールの方がおまえの顔を怖がってるんだから」

楽天・星野監督に駆け寄り、あいさつをしたロッテ・中村バッテリーコーチ。「今…。ハアハア…。走って息切らせて来ました！」。そこまで歩いていたじゃないですか。

ロッテ・中村バッテリーコーチはチームの犠打失敗数を嘆き「昔は手が腫れ上がるぐらいバント練習したもんや。そのせいでこんな手になってしまった」。横にいた川崎ブルペンコーチは「手の大きさは多分、血筋ですよ」

ヤフオクドームで先発の日本ハム・木佐貫。鹿児島出身とあって「大援軍がやってきます。新幹線が開通し、近くなりました。あ、また電車ネタになってしまって恐縮です」。さすが鉄男。

ソフトバンク・山口広報はペットの話題になり「昔飼っていた金魚の名前は空海と最澄だったよ」。偉大なペットですね。

日本ハム・栗山監督は試合前にあいさつに訪れた阪神・西岡に「ユニホーム着替える？」と勧誘。すると西岡は「何言ってるんですか。獲りにきてくれなかったじゃないですか」

ノック中に頭に打球を受けた西武・鬼崎。山崎から「2足す3は？」と聞かれ「6です。頭は全然大丈夫です」。大丈夫ではなかったようです。

巨人・鈴木尚は右翼線上に落ちた寺内の決勝打に「〝秘打・G線上のアリア〟ってのがありましたが、あれは〝線上のメリークリスマス〟としましょう。戦場ではなく線上です」。水島新司先生、殿馬の新秘打にどうですか？

不慣れな左翼の守備が続き、疲れ気味のペーニャを見かねたソフトバンク・鳥越内野守備走塁コーチは「頭にアンテナつけておけば俺がラジコンで動かしてやるよ」

巨人・内海がグラウンドにペンを落とした記者に「ペンを落とすなんて…。記者の命ですよ。マイナス2ポイント」。ちなみに5ポイントでスタンプはいっぱいになるらしいです。

日本ハム・中田が意外な弱点を披露。「ゴキブリが苦手。ちゃんと顔を見たら気持ち悪くて…。見たことないでしょ?」。可愛らしい一面でした。

報道陣の前で「足が痛い」と漏らしたヤクルト・畠山は、記者から「痛風ですか」と突っ込まれ「それは俺の体形を見て言ったでしょ」。公称体重は96キロですが、現在は１０１キロの立派な体格です。

ＤｅＮＡ・中畑監督は前日に投手交代の不手際を指摘してきた三塁塁審・東審判が球審で出場することを知り「鶴の恩返しはないのかね。もうこの話はやめよう。球審、救心…」

雷鳴が響きだした神宮の空を見上げた巨人・原監督。「なんかゴロゴロいってるね。整腸剤飲ませないといけないね」

楽天・枡田は早朝の声出しで「今年は優勝して仙台でパレードがしたいです！」と目標を語り「最後に言わせてください」と回れ右。そして後方にいた立花陽三球団社長に「きのうは電話での失礼な対応、すみませんでした！」。「立花です」に「誰ですか？」と返したようです。

巨人・阿部がボウカーに投球が当たった股間のことを英語で説明。「ライトボール、ライトボール！」。ここでは訳さないでおきます。

親知らずを抜いた後にチームが連勝街道に乗った西武・藤原1軍サブマネジャー。「こうなったら親知らず全部抜いたろかな」

曇り空を心配そうに見上げる楽天・星野監督は担当記者に「いいか、絶対に雨を降らすなよ！」。そんな能力はありませんが、とにかく祈ってみます…。

ニックネームを付けるのが上手な楽天・小山伸は、歌手・北島三郎似で愛称「サブ」の福山に「おまえ、鈴木亜久里にも似てるな」。愛称変更かもしれません。

「闘将」として気迫を前面に出す楽天・星野監督は「もう俺も若くない。走るスピードもない。だから乱闘があっても俺が行く頃には騒ぎも終わっとるよ」。誰よりも先に現場に到着しそうです。

無死一塁の一塁走者として投飛で飛び出し、併殺となった楽天・枡田に、星野監督は「キャンプではボーイズリーグの指導者を連れてこなきゃいかんな」

巨人・石井義は重いボールを両手で持ち、体の左右に振る腹筋運動を繰り返しながら「バンバンバ、バンバンバンバン」。ハ〜、ビバノンノ…。年齢がバレますね。

試合前に選手全員で輪になり、隣の選手と手をつないで気合を入れた巨人・今村は「なぜかカップルつなぎになっちゃって。隣の阿部さんに〝何でおまえなんだよ〟って言われました」

楽天・米村外野守備走塁コーチは、前日のオリックス戦で投手ながら身体能力を買われて代走出場した北島三郎似の福山に向かって「サブ、お前の足は最高や！お前は両刀や！」。さぶ＋両刀とは…。

Kスタ宮城で西日を背にしてさっそうと担当記者の方に歩いてきた楽天・藤田は「自分、〝太陽にほえろ！〟みたいでしたか？」。マイルドな笑顔が「殿下」のようでした。

ヤクルト・飯原は東京五輪開催が決まったことを受け「何の競技で出ようかな。乗馬にしようかな。馬を買うお金をためないと」

楽天・マギーは長男・マケイル君に星野監督を紹介。「この人はキングだから、お城をいっぱい持ってるんだ。今度、一緒に行こうな」。マケイル君は目を輝かせていました。

子供に大人気の日本ハム・小谷野。「キャッチボールしてくれますか？」と言われ「いいよ。おじさん、あしたからずっと暇だからね…」。CSを逃したチームは長いオフが待っています。

休養で主力3人をスタメンから外した楽天・星野監督。正捕手・嶋に代え「シーサー。守り神を置くんや」。沖縄県出身の伊志嶺。指揮官には「シーサー」と呼ばれています。

ヤクルト・三輪は送球練習中に飯田外野守備走塁コーチに回転の悪いボールを投げると、言い訳。「ツーシームです」

ロッテ・伊東監督が伊志嶺に送球練習を指導。掛け声を合図に転がしたボールを拾って返球する反復練習に「犬のしつけをしてるみたいやな」

ヤクルト・野村バッテリーコーチは、真中監督の「試合前イベントのダチョウ倶楽部に克則も入れば？」発言を伝え聞き「俺、芸人じゃないから。これ隠しマイクに書かないで」。さらに「今の振りじゃないよ。書いたら…訴えてやる！」。いただきました。

# 第2章　「シシドエリカスタイルデス」

球宴期間の休みに、幼稚園児の孫と野球をした楽天・星野監督は「暑い中でキャッチボールをやってヘロヘロになったわ。あっちゃこっちゃに投げてきよるし…」。闘将も孫にはメロメロです。

楽天・星野監督は8歳の孫が空手を習いだしたことを明かし「この俺に回し蹴りしてくるんや」。おそらくこの地球上で唯一、闘将に蹴りを浴びせられる人物では。キャッチフレーズは「史上最強の孫」

打撃論を語っていたソフトバンク・藤本打撃コーチは「野球はイー（1番）、スー（4番）、チー（7番）の打順が打てば点が入るんだよ」

試合後に大谷と並んで取材を受けた日本ハム・中田。囲まれた報道陣の数を見比べて「（俺の方が）少ないな…」

ノーヒットノーランを達成した中日・山井に顔が似ていると評判のヤクルト・田中浩は、報道陣から「ノーヒットノーランおめでとうございます」と声を掛けられて「ああ、どうも。こんな感じでいい？」

DeNA・中畑監督は室内練習場から神宮球場へ移動中にマンホールの上を歩き「おっ、ホール牧！」。きょうも絶好調です。

日本ハム・中田はノッカーとして球宴に参加している三木コーチに向かって「あれ、お手伝いの人ですか？」

電車好きの「鉄男」でもある日本ハム・木佐貫は、練習前に報道陣1人1人に「函館市電ボールペン」を配布。「きのう乗ってきましたので皆さんにお土産です」

ソフトバンクのルーキー・高田はニックネームを聞かれ「ジャパです」。同じ名前の通販会社から名付けられたそうです。

第1子となる長男が誕生した楽天・銀次は「きのうの試合後に病院で会えました。顔は僕に似てます。悪そうな顔」

熊本出身のソフトバンク・秋山監督は「きょうから、くまモンが1人増えるぞ」。同じく熊本出身の松中が1軍昇格しました。

ヤクルト・伊勢ヒッティングコーディネーターは、たまたま通りかかった三輪に「お前、起爆剤になれてるか?自爆してるだけちゃうんか」

前夜は瓶（かめ）に入った日本酒を飲んだというＤｅＮＡ・中畑監督は「あれ、あれだよ。しゃもじですくって飲んだんだよ」。ひしゃくの間違いでは…。

打撃練習中にベンチで水分補給をしていたヤクルト・三輪は、ネットに当たって跳ね返ったボールがコップを直撃し「僕だからこうなるんですよね。でも、こんなことではくじけませんよ」

札幌ドームまで地下鉄通勤をした日本ハム・木佐貫。「なるべく座らないようにと思っていますが、きょうはバブリーに座ってきました」

西武・シコースキーはバスに乗り込む前に突然「ショウユガ、イチバーン!」。昼に食べたラーメンの話でした。

早朝の海岸での声出しで楽天・島内は「今年は1試合でも多くチームに貢献したいです！」と抱負。明大の先輩である星野監督は「島内はきょうから2軍や。コメントがおもろない」。理不尽すぎます…。

ＤｅＮＡ・友利投手コーチに「おまえ、宇宙と交信できるだろ」と声を掛けられた新人の井納は「いや、まだできません」。えっ、これからできるの？

角界の人脈が多い楽天・米村外野守備走塁コーチは、Ｋスタ宮城にいた恰幅（かっぷく）の良い記者を見て「なあ、今度、一緒に両国に行けへんか？」。スカウト活動はやめてください。

キャンプ視察に訪れたＯＢ・江夏豊氏との思い出を聞かれた西武・渡辺監督。「俺はコーヒー係だったんだよ」。甘めのアイスコーヒーでオリジナルの作り方も覚えたそう。

国内ＦＡ権を取得した日本ハム・鶴岡。アップ前にナインから拍手されたと思ったら「行ってらっしゃ〜い」とみんなにバイバイされて「なんてひどい後輩たちだ…」

プロ初勝利を挙げた楽天・戸村は、報道陣のふりをした聖沢から「帰って奥さんに何と言いますか？」と問われ「抱き締めてチューします、あっ！これカットでお願いします…」

巨人・中谷が鈴木尚に「尚広さん、腹筋６つに割れてるでしょ？」と尋ねると、鈴木尚が「俺８つ」。中谷は「僕は上下に2つです」。それって二段腹…。

雨で濡れたベンチで足を滑らせたＤｅＮＡ・ルイーズは「バナナ！そこにバナナがあった！」。見当たりませんが。

ヤクルト・伊勢コーチは、ファンから「サインお願いします」と言われ「よし、送りバントや」。サイン違いです。

西武・十亀は母校・愛工大名電の甲子園出場に大喜び。電話のジェスチャーをしながら「監督にトゥルットゥルーしなきゃですね！」。興奮のあまり、電話という単語が出てこなかったようです。

神宮外苑野球場でキャッチボールをしていたヤクルト投手陣。すると隣で草野球をしていた右翼手が「すみません、もうちょっと後ろに守りたいんで、ちょっと向こうにずれてもらえますか？」

楽天・星野監督はボール球に手を出す牧田の打撃練習を見ながらポツリ。「あいつのストライクゾーンは四畳半ぐらいやな…」。広い！

楽天・鈴木内野守備走塁コーチは、ユニホームを泥だらけにして猛練習する枡田、銀次、阿部について「よごれ3兄弟と呼ばれてるけど、それじゃかわいそうだから〝どろんこ3兄弟〟にしよう」。一気にかわいらしくなりました。

茶髪にしたヤクルト・バレンティン。「シシドエリカスタイルデス」。宍戸江利花。リング名はアジャ・コングです。

楽天・星野監督が岩手に凱旋した銀次について「（捕手だった）高校時代は〝パスボールの銀次〟と言われとったらしい。監督もよう我慢したなあ」。すると近くの男性が「はじめまして、高校時代の監督です…」。銀次の母校・盛岡中央の佐々木監督でした。

巨人・古城が年下の藤村に世代ギャップを痛感。「だって、あいつランバダを知らないんですよ」

ヤクルト・江花ブルペン捕手はキャッチボール相手の平井が暴投すると「暴投注意報を発令しまーす」。直後にまた大暴投。「注意報を警報に引き上げまーす」

ロッテのドラフト4位・益田は「実は大学時代に伊志嶺さんの頭に死球を当てたことがあるんです」とカミングアウト。伊志嶺は「あいつだったんですか！」。許してやってください。

ソフトバンクのドラフト5位・嘉弥真（かやま）は、休日にうなぎの炭火焼きを体験。「うなぎを初めて触りました。（沖縄・石垣島出身で）ハブを触ったことはあるのですが…」

仙台も寝苦しい夜が続き、楽天・銀次は「いつもあれをつけたまま寝てます。あれですよ。あの羽根がグルグル回るやつ」。扇風機、を忘れるほどの暑さです。

楽天・星野監督は明大の後輩である新人・島内に「おまえ法学部らしいな。法律の道は考えなかったのか？」と質問。「はい。無理でした」と返されて「だろうな。野球のルールも知らんもんな」。過去の走塁ミスを思い出したようです…。

楽天・星野監督は練習を終えた選手をつかまえて「お、ハイエナ！おまえはハイエナや！」。中継ぎで3勝無敗の高堀は申し訳なさそうな顔で直立不動でした。

日本ハム・モルケンは、ベンチに向かって「Hey！ミッキーマウス！」。視線の先にいたのは三木内野守備コーチでした。

楽天は仙台から福岡に空路移動。星野監督は「隣の席で田淵が珍しく本を読んどるからタイトルを見たら〝老後の生き方〟みたいなやつやった。すぐ爆睡しとったけどな」。田淵コーチいわく「よく眠れる本」らしいです。

報道陣に新外国人投手クレイマーの球種を聞かれたDeNA・友利投手コーチ。「チェンジアップ、スライダー、デッドボール」。ん？

楽天・星野監督は試合前に報道陣から「日本ハムが優勝マジック4です」と振られると「知らん。俺はハムやソーセージよりサラミの方が好きや」。強引に話題を変えていました。

DeNA・中畑監督は選手の長所と短所を挙げながら「人間、何かは問題がある。俺は歌がうますぎるとかね」。お決まりの自慢でした。

ユニホームの裾を膝まで上げたオールドスタイルで練習を行った日本ハム・稲葉。理由は「もうね、足が上がらなくなってきたので裾を上げました」

同じ兵庫・三田学園OBの兵庫県警関係者からあいさつを受けた後、ヤクルト・伊勢総合コーチが「今度もし何かで捕まってしまったら、見逃してくれんかな」

「ガリ!ガリ!」と連呼するソフトバンク・的山バッテリーコーチ。報道陣に「お寿司ですか?」と聞かれ「違う。I GOT IT（俺が捕る）や」

DeNA・中畑監督は「打撃は〝腹八分がいい〟とか〝七分の力でいけ〟って言うけど、レベルが低い話だよな。10割が100%だから、七、八分は7、8%だろ」。真顔で言ってました。

楽天・星野監督は開幕当初は失策を連発も、現在は主力に成長しつつある銀次、枡田について「あの頃はほんまに我慢した。普通、あれだけエラーしてたら逮捕されるところや」

長野の少年ファンに求められてツーショット写真に応じたDeNA・中畑監督。「君、山下清に似てるな。俺、中畑清」。〝チーズ〟は必要ありませんでした。

楽天・星野監督は対戦を控えたオリックスのイタリア出身右腕・マエストリについて「ビデオは見たよ。俺はイタリア料理が好き。君らはピザとパスタぐらいしか知らんやろ。生ハムはやっぱりパルマやで」。それで印象は…。

体形が太めの記者3人を見たソフトバンク・森福は「お、余分3兄弟！」。うち2人がスポニチでした…。

ヤクルト・城石内野守備走塁コーチから「おまえもせめて本多（ソフトバンク）7世くらいになれよ」と妙なハッパを掛けられた三輪は「なんか王族みたいですね。エリザベス何世みたいな」

両手を合わせて伊志嶺を拝んでいた楽天・大久保打撃コーチは、「だって大仏みたいだから」。伊志嶺は数日前、パーマに失敗したようです。

右手甲に死球を受けた日本ハム・稲葉。患部の状態を問われ「だいぶドラえもんじゃなくなってきたよ」。腫れが治まってきたようです。

楽天・星野監督は「やっぱり孫は可愛いよ」と笑顔で話していたが「この前〝じいじ、嫌い〟と言われたんや。キャッチボールでエラーしたから怒鳴ってな…」。孫が相手でも野球では熱くなってしまうようです。

楽天・田淵コーチが球場に入り込んだ子犬に沖縄の菓子サーターアンダギーをあげて「子供にはお菓子だろ」。それは人間の話です。

楽天・星野監督が阪神監督時代の思い出を披露。「試合中に何回もヨシ（佐藤投手コーチ）をマウンドに行かせたから、〝回数券を買ってください〟と言われてな。〝回数券と言わず、定期券を買ったるわ！〟と言い返したよ」

試合前にベンチで大声を出して盛り上がるヤクルト・バレンティンとミレッジ。近藤通訳が報道陣に「迷惑を掛けていませんか？」。続いて篠田トレーナーが「バカでねえ、すみません」

試合前に日本語で「オハヨウゴザイマス、オハヨウゴザイマス」と大声でしつこいくらいにあいさつするヤクルト・バレンティン。近くにいた近藤通訳がポツリと「このハイテンション、どうにかしてくださいよ」

西武・中村は試合中に負傷した足が右か左か問われ「どっちかです。確率は2分の1ですよ」

先発の駒不足に悩む楽天・星野監督は、報道陣から先発を決めかねていますかと聞かれ「回りくどいのは嫌いだ。はっきり言え！」。先発がいませんがと聞かれると「失礼なことを言うな！」。どっちにしても怒りました。

ヤクルト・三輪がＡＫＢ48のヒット曲「ポニーテールとシュシュ」を歌っていると、宮本が1㍍の高さはあろうかというジャンプでカンフーキック。「歌が下手だったので」。油断大敵です。

練習では冬も半袖着用の楽天・小山伸。「僕はいつでも半袖です。たぶん棺おけでも半袖」

秋田出身の西武・佐藤広報部長が「やっぱり田舎っていいですねえ」としみじみ。「グラウンド整備のバイトが1人休んで、インフルエンザかと心配したら、理由が〝牛が生まれる〟だったんです」。宮崎・南郷ならではの心温まる話です。

腹痛を起こしたという噂が出た楽天・田淵ヘッドコーチに体調を聞くと「妊娠したのかな」。関係者によると便秘だそうです。

楽天・銀次は星野監督から「ダッシュで足が上がっとらんぞ」と言われて「向かい風が…」。そんな強風ではありません。

DeNA・ラミレスはフリー打撃で柵越えを連発。しかし、中畑監督と高木ヘッドコーチが特大弾を見逃したことに「カントク！ ミテナイ？ヘッド！ エ、ミテナイ？ ウォォォーイ！」

楽天・松井稼が塩見の囲み取材に乱入。「全然疲れていないらしいです。パーマもとれだしたし」。パーマは無関係です。

ソフトバンク・王貞治球団会長は新外国人のカストロと初対面して「俺みたいな目をしてたな。どんぐりまなこでね。鏡を見ているようだったよ」

試合前の両監督によるメンバー交換。「横浜・おびゃ…、おばな監督…」と、かみ気味のアナウンスを聞いた横浜・大川監督付広報は「今、オバマ監督って言いませんでした？」。よっ、大統領！

楽天・阿部は猛練習をこなすトリオ「どろんこ3兄弟」の三男のポジション。「僕、本当に3人きょうだいの末っ子なんです」。キャラクター通りでした。

楽天のルーキー・岡島は猛練習について「人間って、こんなに練習しても大丈夫なんだと思いました」。修業の成果です。

丸々とした体が特徴的な巨人・森中打撃投手は「話したことないけど、なんか気になる。他人に思えなくて」。視線の先には西武のおかわり君・中村がいました。

座右の銘を聞かれたヤクルト・畠山は「両目1・5です」。左右の目じゃないです。しかも、それは具志堅用高さんの持ちネタです。

ロッテ・西村監督は過去のキャンプを振り返り「2年前は雨が多くてね。ヘッドコーチの機嫌が悪くて大変だったよ」。2年前のヘッドコーチは監督自身ですが…。

初の紅白戦3番を務めた横浜・石川は、試合後に尾花監督から「3番の座り心地はどうだ?」と聞かれ、目を白黒させながら「ええ、まあ」と曖昧な返事。後でボソッと「サイパンの住み心地はどうだ、って聞こえました」

天候を気にしていた巨人・原監督。報道陣の1人が自信満々に「大丈夫です」と言ったことに「あなたは神ですか?」

ヤクルト・伊藤投手コーチが「台風が来るんやろ。ハリケーン・アイーンみたいのが」。それだと志村けんです。

球宴第3戦でベンチ入りした楽天・鈴木内野守備コーチ。「ファン投票や。ノッカーのファン投票で選ばれたんや」

ヤクルト・伊勢総合コーチが打撃指導後に「金八先生の心境やな」。悪戦苦闘のようです。

ヤクルト・三輪がバーネットに英語で「調子はどう?」と聞かれ「グッドグッド。バット、ワーッて感じ」。調子はいいが疲れているの意。何となく理解したようです。

ヤクルト・青木が「ウエーックション!」とくしゃみをしてから「聞いてました?今のカトちゃんみたいなの」。自分でも面白かったようです。

ヤクルトの球団マスコット・つば九郎がツヤツヤの毛並みで登場し「おニューだよ」。本拠地開幕前に念入りに洗っ…いや、水浴びしたようです。

ヤクルトの球団マスコット・つば九郎は、バレンティンからもらったリストバンドで手羽先を締め付けられて「血管詰まりそう」。まるで人間のような受け答え。

試合前練習でソフトバンク・鈴木マネジャーと談笑していたタレント・おすぎは「私ね、これから（福岡県）嘉麻（かま）市でイベントがあるの。嘉麻市の親善大使を務めてるのよ」。〝かま〟つながりで呼ばれたそうです。

毎日トマトジュースを飲む西武・仲田バッテリーコーチ補佐は「成分のリコピンが健康にいい」と話していたが「飲み始めてから渡辺監督にデコピンされることが多い。まさかとは思うけど…」。無関係だと思います。

ヤクルト・小川監督はホワイトセルの先発起用について「ホワイトレスにならないようにしてくれれば」。白星レス？

ヤクルトのベテラン・福地は巨人との決戦を前に報道陣から「緊張していますか？」と問われると「もう緊張はしない。大事なのは平常心だよ」。直後にわずか1センチの段差でつまずいて、平常心を失っていました。

ヤクルト・衣笠剛球団社長兼オーナー代行が今季を総括し「健康管理は本当に大切。選手にはヤクルト400を毎日2、3本飲むよう義務づけたい。1本目は支給。2本目以降は自腹で」

ヤクルト・増渕は、連敗ストッパーとなった赤川に帰り際「いい夢見ろよ！」。柳沢慎吾も喜んでいると思います。

ヤクルト・伊勢総合コーチは朝も夜もクラブハウスにいる担当記者たちを見て「もしかして帰ってないの？」。そうです。…うそです。

左すねを痛め負傷交代した日本ハム・糸井。状態を聞かれると「大丈夫です。アイシングをしたので。アイシングをしまくって寝ていません」。そっちの方が心配ですが…。

打撃練習を終えたソフトバンク・細川に内川が「亨、しっかりやれよ」「いや、俺、先輩なんだけど…」。奇妙な上下関係でした。

ヤクルト・小林チーフトレーナーがバレンティンに肩をもまれて「ナイス・マッサージ！」。本職のお株を奪ったようです。

ヤクルト・バレンティンが「きょうは何の休日なの？」と報道陣に質問。秋分の日だと伝えると「なぜそれが休日なんだ？」。…調べておきます。

甲子園三塁側ベンチで冷房のスイッチを探すヤクルト・伊勢総合コーチ。ケージ裏の阪神・真弓監督に大声で「真弓、冷房入れてくれ〜！」。まさか監督に頼むとは…。

西武・マルハーンは平尾と阿部が大好き。この日も3人で5分ほど談笑したが、報道陣に「何を話した?」と問われた平尾は「よく分からないけど〝ア〜ハ〜ン〟を連発してる」。阿部も「僕は何を言われても〝イヤァ〜〟です」。2人とも、どこの国でも暮らせそうです。

ひげの濃い西武・星野は球場内で「ひげダンス」の曲が流れると報道陣に向かって「ちょっと、今この曲聞きながら俺の顔見たでしょ?」

ナゴヤドームのビジョンに「小笠原、世界遺産へ」と表示され、巨人・森中打撃投手は「あれだけ見るとびっくりしちゃうよね」

ヤクルト・畠山は球宴第2戦の球場入りで警備員に「関係者のパスは?」と聞かれ「選手なんですけど…」。第1戦のMVPなんですけど…。

神宮での今季初試合となった楽天・星野監督はスタンドからのヤジの思い出話を披露。中日監督時代に、投手交代の遅れを指摘されたそうで「俺もそう思ってた時に〝星野、一手遅れたな〟ってな。何も言い返せなかったよ。今でも覚えとる」

日本ハム・糸井は母の日にプレゼントを贈ったかと聞かれ「もちろん。テレパシーです」。届いているのでしょうか?

ヤクルト・小川監督が甲子園出場の母校・習志野に差し入れ。「内容はボールとバ…」。バスですか?。「バットだよ。バカ言っちゃいけないよ」

ヤクルト・石川は「日曜の夜にサザエさんを見ると寂しくなる。ああ、日曜が終わるんだなって」。石川のニックネームはカツオです。

打撃練習中「アントニオ!　アントニオ!」と呼び掛けていたソフトバンク・カブレラ。視線の先にいたのはベネズエラからの友人ではなく、チャンス時にアントニオ猪木の登場曲「炎のファイター」をかけている内川でした。

ヤクルト・近藤通訳は2軍生活を送ったガイエルについて「日本語が物凄く上達しました。コマッタモンダと言われた時は、ビックリしてこっちが困りました」

日本ハム・梨田監督は球界を代表する投手となった楽天・田中を大絶賛。「ルーキーの頃からあんなに成長した投手はいないよな。顔もビリケンさんに似て優しそうだし…」

楽天・ラズナーは伊志嶺の腕が毛深いことに驚きながら「あまり半袖で外出しない方がいい。熊と間違われて撃たれるかもしれないから」

今季初めて1軍に昇格したヤクルト・赤川は「2軍では癖を直しました。グラブの開き具合で投げる球種がバレちゃって。相手チームのコーチにも言われました」。かなりバレていたようです。

ヤクルト・荒木チーフ兼投手コーチは由規の球数が多い原因について「投げるのが好きなんだね」。新たな着眼点。

花粉症知らずのヤクルト・石川が「全然大丈夫。たぶん花粉をガツガツ食べても大丈夫」。それは恐怖の料理です。

日本ハム・吉井投手コーチは探していたノックバットを見つけ「〝インチキ〟って書かれてた。誰が書いたんやろう。憎まれてるね」。書いた方は申し出てあげてください。

ヤクルト・小川監督が少年ファンに質問されました。「青木選手はどこですか?」。少年、その方は係員ではなく監督ですぞ。

ヤクルト・伊藤投手コーチは増渕の変化球について「キャンプインの時は中学生みたいな球だったけど、高校3年生くらいになってきた」。順調に卒業して進級している、ととらえます。

ヤクルト・伊藤投手コーチが、たき火をする一斗缶の中に全力でくしゃみ。「ラブ注入しといたから」。違うものがいろいろ混入したような気がします。

日本ハム・オビスポは練習を終え、一緒に引き揚げてきたダルビッシュに向かって「コイツ、頭超デカイ」

楽天・本西外野守備走塁コーチは野球用具が入ったリュックサックを背負った宮出に「どこの山に登るんだ？少し山にこもって調子上げてくるか？」

横浜の新外国人左腕リーチは、ホテルのベランダにパソコンを持ち出し、沖縄の風景をスカイプ（電話中継）で米国に送信。宇宙人と交信か？と聞かれ「何でそんなことしていたのを知っているんだ？日本のマスコミは怖い」

ソフトバンク・高山コーチを追い掛ける報道陣の姿を見た的山コーチは「♪フン、フン、フン。金魚のフン」

練習中にタレント・おすぎを見つけたソフトバンク・松中は「ヘイ！ミスター・おすぎ」。呼び方は…正しいんですよね？

日本人最速タイの１５８キロをマークしたヤクルト・由規が友人からもらった祝福メールには「すげーとか、はえーって書いてありました」。確かにすげーはえー球でした。

女性記者から手作りのバレンタイン菓子を手渡された日本ハム・中田は「ありがとう。窓から投げ捨てて、ハトのエサにしとくわ」。照れ隠し、ですよね。

丸刈りがトレードマークの楽天・山本トレーナーは「ブラウン監督からはダライ・ラマって呼ばれてます。こうなったら世界平和を祈るだけですよ」

突然降りだした雨で試合前練習が中断。ヤクルト・伊勢巡回打撃コーチは「まったく。突然来るなよな。電話くらいしてから来いよ」。すみません、雷神様が伊勢大明神（現役時代の異名）に電話をかけ忘れたそうです。

巨人・脇谷は雨脚が強まってきた空を見上げながら「来る、来る。ゴリラ豪雨！」。ゲリラです。

ヤクルト・渡辺恒がブログを開始予定。「堅苦しい内容にはしません。例えば、写メに入りきらないほど顔がデカイ人の写真を載せたりします」。隣の李恵践（イ・ヘチョン）が振り向きました。

巨人の高橋ブルペン捕手は報道陣から「昨晩は何を食べました?」と問われ「ヒントは名古屋です」。味噌カツ、手羽先、ひつまぶしの返答に首を振り「正解はハンバーグです」。絶対に分かりません。

ヤクルト・青木が神宮の室内練習場で「蜂(はち)がいる」と警戒。聞きつけた小川監督代行が「えっ、八重樫さん?」。確かにニックネームは「ハチ」でした。

西武・平尾は阪神時代にともにプレーした亀山つとむ氏を見つけ「亀山さん、太り過ぎてウミガメになってますよ。産卵日はいつですか」

ヤクルト・小川監督代行は誕生日を前に「人生設計を考えたりします。地味に死んでいかないとね」。できれば生きることを考えていただけないかと…。

神宮のブルペン付近でフリー打撃を見ながら待ち受けていた報道陣の背後から、巨人・原監督がダッシュして球場入り。「戦場ならみんなすぐ死んじゃうタイプだな」。全く気配すら感じませんでした。

広い年齢層のファンから誕生日祝福メールを送られたヤクルト・田中浩は「僕、たぶん穴場なんですよ」。そこまで謙虚にならなくても…。

ブレーク中の日本ハム・中田が本塁打を打つとベンチ内が盛り上がるのでは?と質問された梨田監督は「中田が打つよりも鶴岡が打った方が周りの選手にとっては自信になるよ」

報道陣から「蒸し暑いですね」と振られた西武・仲田捕手コーチ補佐は「そりゃそうですよ。西武ドームはこの時期、ミストサウナドームに名前が変わるんだから」

巨人・クルーンは発売されたばかりのｉＰａｄを手に球場入り。それを体験した原監督に「ユーアーリッチマンね」と声を掛けられると「アリガトウ、ジャイアンツ」。推定年俸は3億円です。

丸刈りのヤクルト・増渕は少し伸びた髪を触り「そろそろ切らないといけませんね。館山さんにバリカンでまたやってもらわないと」。館山どうやら行きつけは「バーバー館山」のようです。

水道管に亀裂が入って神宮クラブハウス前の地面から水漏れ。ヤクルト・ガイエルが「東京沈没だ」。デントナは「危ないから試合中止」。水たまりは深さ1センチもないのですが…。

ヤクルト・高田監督は、中日戦に5番・右翼で先発出場した飯原を見て「おまえが5番か。監督の顔が見たいよ」。辛口の激励と受け止めます。

ヤクルト・伊藤投手コーチが球場入り口の受付へ駆け寄ると、入場受付をしていた担当記者を指さして「この人は偽者です！」。シャレの分かる係員に救われました。

日焼けした顔にたっぷりのひげを蓄えたヤクルト・吉本からあいさつを受けた中日・荒木。熊本出身で同郷の後輩の顔を見てひと言。「おまえ、いったいナニ人だよ？」

西武・潮崎投手コーチは菊池の投球を絶賛。「初めてベールを脱いだね。これまで厚着していたようだから」

楽天・宮出はボール球を連発した打撃マシンに「ピッチャー頑張れ！疲れてきたか？」

体重が増加の一途をたどっている巨人・森中打撃投手は報道陣から「札幌は寒いですね」と声を掛けられて「僕は大丈夫。常に〝メタボリック〟のセーターを着てるから」。洋服のブランドみたいに言わないでください。

ヤクルト・田中浩がブルペンで投げる村中の打席に入ろうとしたら、荒木投手コーチが「勇気があったらどうぞ」。制球難を克服中です。

体が大きくなったヤクルト・李恵践。ウエートの成果と思いきや「焼き肉とビビンバです」

2月中旬からWBCの日本代表監督も兼務する巨人・原監督は、早朝の散歩で報道陣から「今年は休みが少なくなりそうですね」と振られて「どこかで休むよ。俺の中の労働組合が〝休め！〟って言ってる」

広島戦の守備で珍しくトンネルしたヤクルトの名手・宮本。テレビ関係者をつかまえると「（スポーツニュースで）2回も映さんでええやろ。2回目なんか、スローモーションだったやないか」

日本ハム・吉井投手コーチは、巨人・オビスポの印象を聞かれ「鼻の穴が膨らんでる印象しかないなあ」

日本ハム・坪井は練習中にベンチ内をキョロキョロ。「グラブどこ置いたっけ…？」。発見すると「ネットオークションに出されてまうとこやった」

見事に偽装スクイズを決めた巨人・木村拓は「知り合いから〝偽装は犯罪です〟みたいなメールがたくさん入ってたよ。何か悪いことしたみたいだよな…」

# 第3章「彼のニックネームは〝年金〟」

ヤクルトのマスコット・つば九郎が、中日のマスコット・ドアラを見て「ぼくよりも、ゆうめいじんだから、いっぱいかせいでいるんだろうな」。急に生々しくなりました。

ヤクルト・李恵践は強打者と対戦する時の心境について「怖いよ。打者の目からレーザービームが出てるから」

ヤクルト・高田監督が母校の浪商（現大体大浪商）を振り返って「大阪の学習院って呼ばれていたんだよ。制服が似ていたから。でも、道では人が避けていくんだよ」。昔は武闘派が多かったそうで…。

報道陣にマジック5になったら優勝への決意を語る約束をしていた巨人・原監督は、前日の試合後に「3になったら語ります」と方針転換。この日は「2になったら語ります」。チームのマジックと同様、どんどん減っていきます…。

横浜・佐伯は厳しい表情で球場入り。「朝っぱらから郷ひろみみたいな鳴き声のセミに叩き起こされたわ」

ヤクルト・デントナが髪形をオールバックにして登場。「ポルノスターみたいって言われたよ…」。試合では元のアフロに戻していました。

「元気ですか」と聞かれたヤクルトの慎重模・通訳が「えっ、現金ですか?」。いやいや元気ですか。「電気ですか?」。以上〝空耳アワー〟でした。

前日、延長戦で捕手が不在となって10年ぶりにマスクをかぶった巨人・木村拓にメールが殺到。「朝、嫁から息子がキャッチャーしてる写メールが来たよ。題名は〝ジュニアもキャッチャーを頑張ってます〟だったね」

フェニックスリーグ派遣メンバーを聞かれた日本ハム・吉井投手コーチ。指を折りながら「あいつとあいつとあいつと…あいつやな」。名前でお願いします。

練習前にシドニー五輪女子マラソン金メダリストの高橋尚子さんから取材を受けた楽天・野村監督。「女人禁制の監督室に入れたわ。サッチー以来やな」

試合で左膝に打球を受けた日本ハム・江尻は「腫れは全然ないです」とアピール。「実は嫁に電話して〝痛い〟と言ったら〝金本さん(阪神)を見習いなさい〟と言われたんです」

西武・潮崎投手コーチは「潮崎さ〜ん、早く始めましょう」と練習開始をせかす石井一に目が点。「一久が早く練習をしようなんていうのはこの2年で初めてじゃないか」

ヤクルト・堀内統括トレーナーは野菜の名称をど忘れして「丸くてクサイやつ。なんて言うんだっけ」。タマネギだと判明したところで、高田監督が「そんなのを忘れるなんて頭が空っぽなんじゃないの？」。それだとピーマンです。

一場にスリークオーターへの転向を勧めたヤクルト・高田監督。「どう話したかって？下手投げにするか、左で投げろって言ったんだよ」

降り続く雨で秋田・こまちスタジアムの外野芝生は〝水田〟状態。西武・渡辺監督は同じ群馬・前橋工出身の5年目・星秀を呼び「おまえ、田んぼ得意だろ？」

ヤクルト・高田監督は若き日の淡口打撃コーチが掲載されている雑誌を見て「高卒で入団した時、彼のニックネームは〝年金〟だった。技術も完成されていたし、見た感じも」。渋い18歳だったということでしょうか。

マイケル・ジャクソンさんのファンだったヤクルト・デントナは「ショック。本塁打を打ったらムーンウオークでホームを踏むよ」

3連敗を喫した楽天・野村監督。ファンのブーイングより怖いものとして「ウチの親子（沙知代夫人と克則）はダブルパンチや。夜、電話しても、受話器を耳から遠ざけて聞いている」

巨人・原監督は新千歳空港で「あれ？水沢（監督付マネジャー）はどこ？」。報道陣に「手荷物検査で引っ掛かってるんじゃないですか？」と振られると「頭がでかいからなあ…」。無事に通過してました。

糸井が女子アナに囲まれて質問されている様子を見た日本ハム・吉井投手コーチは「大丈夫かなあ。日本語分かるのかなあ…」。そこですか。

スター選手に囲まれて日本ハム・糸井は緊張気味。前夜の寝付き具合について聞かれ「睡眠はいつでも寝られますから」。ちょっと日本語がおかしいです。

打撃好調の糸井の打撃を分析した日本ハム・梨田監督は「昨年はストライクゾーンが畳1畳ぐらいあって凄く高い球も振っていた。昔、シーツという選手がいた。あれはシーツ1枚分だったな…」

ヤクルト・高田監督は初日から別メニュー調整を続けるデントナへ「アー・ユー・ベースボールプレーヤー？」。新外国人は苦笑いでした。

女性記者の茶髪に「日本人は黒髪が一番だろ。何でそんな色にするかね」と楽天・野村監督。沙知代夫人は？と突っ込まれ「あれは栗色や。ちょっと色が違うだろ」。苦しい言い訳…。

ヤクルト・福地が初回に一塁走者で横浜・グリンにけん制球を8度投げられて「途中からうれしくなってきたよ」

ヤクルト・畠山がフリー打撃後に高田監督から話し掛けられて苦笑い。「やっぱパ・リーグやな、って言われました…」。苦手の守備は特守で奮闘中です。

かつて箕島のエースとして甲子園でも活躍した日本ハム・吉井投手コーチ。「打順は不動の9番やで。何といっても学級委員とか主将とか一度もやったことない。ワシはいつもトラブルメーカーやったからな」

楽天・長谷部は田中が北京土産を買ってきてくれなかったことに恨み節。「何もないんですよ。あのマルコメ」

楽天・田中が、このコーナーで北京土産がないことに「あのマルコメ」と言われた長谷部に反論。「まだ荷物の関係で配れないだけですよ。あのクソチビ！」。連日、シリーズでお伝えします。

北京土産をめぐっての楽天・長谷部「あのマルコメ」VS田中「あのクソチビ」舌戦シリーズ第3弾。田中の反撃に長谷部がバッサリ。「あいつ、絡みが〝お子ちゃま〟なんです」

巨人・阿部は寺内がノックで捕球ミスすると「コラッ。次やったら車掌さんのまねやらせるぞ」。ＪＲ東日本時代に経験しています。

記者の取材ノートをのぞき見た巨人・クルーンは「バカ、ダメ、ノーコン…」。そんなことは書いてません。

報道陣と昔話に花を咲かせていた巨人・土田広報は自身の学生時代を振り返り「昔は俺も悪かったよ。（テレビドラマの）スクールウォーズがはやってたからね。特に〝ビショップ〟が泣かせるんだよ」。おそらく〝イソップ〟の間違いかと…。

ヤクルト・高田監督は、前日好走塁の横浜・仁志が「巨人の一塁コーチ時代、高田さんに暴走で随分迷惑を掛けた」と話したことを伝え聞き「入団当時？そうだよ、暴走族だった」

前夜、抗議でグラウンドに出た楽天・野村監督。「あれって時間決まっているのか？今度、時間ですって言われたら〝俺のフランス製の時計じゃまだだ、おまえのは日本製だろ〟って言ってやろう」

西武・星野はなぜか練習中に飾られてあった現役時代の相馬バッテリーコーチの写真を凝視。「関根勤にしか思えないんだよな」

ヤクルト・ゴンザレスが久々に再会した関係者に「元気?ミーは元気だよ。エブリデイ。エブリナイト」。毎晩何をしているのでしょうか。

巨人・坂本は旭川・スタルヒン球場で報道陣から「球場名を覚えてる?」と問われて「うわあ、ど忘れしました。え〜と、ヒルトン球場!」。OBが泣いてます…。

巨人・クルーンは練習中のベンチに高田監督を見つけると「キューカイ、アオキ、チェンジ、オネガイシマス!」

プロ初セーブを挙げたヤクルト・押本は、ウイニングボールが自分の元に届かなかったが「大丈夫です。きょうの試合球をもらって偽造しますから」

試合前練習で横浜・野村投手コーチが吉見のカーブを後逸。吉見に「曲がりすぎましたか?」と聞かれた野村コーチは「違うわ!最初からボールや!」

試合前のベンチで、球界の大先輩である金田正一氏の訪問を受けたヤクルト・高田監督は報道陣に「これから沢村、スタルヒンの話が始まるぞ」

楽天・野村監督へ贈る「ハッピーバースデー」の歌で「ディア○○」の部分が「監督」「ノムさん」などバラバラ。山崎武は「俺はサッチーって言ったけど」。田中は「〝ディア、ふんふ～ん〟って言いました」。無難な19歳です。

巨人・豊田は、初昇格した加治前を見ると「目つきが鋭いな。ドーベルマンみたい。俺？ヨークシャーテリアか」

甲子園の思い出について西武・渡辺監督は「昔は今よりもっとヤジがひどかったよ。前夜の行動とか、何で知ってるんだよっていうのがあったな」

巨人・木村拓は広島市民球場のスタンドの女性ファンから「木村さ～ん、つないで、つないでぇ～！」と声をかけられ「こんなにシブい声援を受けたのは初めてだよ」

体重100キロ近いヤクルトの中継ぎ左腕・佐藤賢が試合前、股割りをしている姿を見た荒木投手コーチは「完全に相撲部屋だな」

むっちりとした太腿にキュッと締まった足首。報道陣から「カモシカのような脚ですね」と褒められた巨人の快足男・鈴木尚は「いや、自分なんか奈良にいる鹿の脚みたいなもんです」

西武・細川は大久保打撃コーチから「（スパイクの）中敷きいるか？」と聞かれて「えっ？ナカジ（中島）？いないですよ」。話が食い違ってます。

群馬・前橋で行われた試合で楽天が球場入りの際に花見客の大渋滞に巻き込まれたことについて、前橋工出身の西武・渡辺監督は「俺が仕込んでおいた」。そこまで采配が及んでいたら怖いです。

ヤクルト・福地は練習中にルーキーの鬼崎が近寄ると「うわっ。田舎くさいにおいがする」。2人とも佐賀出身です。

西武・上本は練習中に「や、やばいです…」と体全体で大の字をつくりトイレ休憩をアピール。それを見た相馬バッテリーコーチが「体中で〝大〟アピールか。アイツ凄いこと思いつくな」

取材を受けていたジェイジェイの横を通り掛かった横浜・マットホワイトは報道陣に「アイツノイウコトハ、シンジルナ！」。仲間割れはいけません。

楽天・紀藤投手コーチが広島でチームメートだった鉄人・衣笠祥雄氏について「名古屋を越えたあたりで急に東京弁になるんだよ。〝じゃけんのう〟が〝だよね〟とかさ」

ベンチ前でノックを受けていたロッテ・田中雅。返球が当たりそうになった袴田バッテリーコーチから「狙ったな」と言われると「狙ったら確実に当てますよ」

決勝3ランを浴び「頭を丸めて出直してくる」と話していたロッテ・小宮山は今まで通りのヘアスタイルで登場。報道陣から突っ込まれると「家族会議の結果、キャンセルされたよ」

アスレチックスの選手を見た巨人・金刃は「みんなレスラーっすね」

帰郷前の那覇空港でヤクルト・由規は、カメラマンの「お土産を買っているところを撮らせて」というリクエストを聞き間違えて「えっ、もみあげを刈るんですか？」

楽天・野村監督がダジャレの後のお寒い空気に「梨田級だな」。さらに空気が冷たくなりました。

ロッテ・里崎はスーツ姿で写っている大嶺の写真を見て「田舎もんぽいな。髪形がダメ。カリスマ美容師に切ってもらわんと」

完全マスターを目指すカットボールが、練習試合でうまく決まらなかったヤクルト・館山は「あ〜あ、どっかにカットボール売ってないかな」

西武の〝おかわり君〟こと中村はサンマリン球場で吹き荒れる強風に「吹き飛ばされそうになりましたよ」。それはないです。

ヤクルト・ラミレスを特集するベネズエラのテレビ局が訪問。美女リポーターから取材を受けた青木は、ラミレスから教わったダンスの披露をしつこく要求され「日本民族は恥ずかしがり屋なんだと通訳してください」

楽天・野村監督が投手陣のけん制練習で有銘にボソッ。「けん制球だけは速いな。それをホームに投げろ」

スタンドの子供から「大道さあ〜ん」と声援を受けた巨人・大道。横にいた高橋由から「いま絶対に〝お父さ〜ん〟て言ってましたよ」と言われ「おまえ、怖いことを言うんじゃない…」

正午前から東京ドームのベンチ裏通路で球場入りを待つ報道陣に、巨人・伊勢打撃コーチ補佐が「ここに布団を敷いて寝とるのか？」

中田の打撃投手を務めた日本ハム・福良ヘッドコーチは「中田から空振りとったぞ」。周囲からは「球が遅すぎる」の声が上がってました。

西武・片岡が相撲の行司の口調で「残った、残った残った」。隣にいたおかわり君こと中村は試合前のランチに向かいながら同じ口調で「残さない。太った太った」

朝から選手宿舎にたむろする報道陣を見たヤクルト・近藤通訳は「絶対、ロビーに泊まってるでしょ」

右肘手術からリハビリに取り組むヤクルト・五十嵐が私服姿でクラブハウスを訪問。トレーニング効果で体はひと回り大きくなったが「私服だとプロレスラーとよく間違えられるんです」

クリアファイルを報道陣に配って回った横浜・岡本広報。「会社で始末書でも入れてください」

アフロヘアのような髪形になっていたロッテ・ズレータを見た日本ハム・白井ヘッドコーチは「カツラか?俺に貸してほしいな」

選手宿舎にあるサウナに入ったヤクルト・三木は「ドアを開けたら真ん中に変な置き物があると思ったんですよ。何だろうと思ってよく見ると真中さんが汗ダクダクになっていました」

ヘッドスライディングで二盗に成功した中日・ウッズ。陸上、男子100㍍走のタイソン・ゲイをもじり「俺をタイロン・ゲイと呼んでくれ」

楽天・野村監督にあいさつするなり「その髪は何や。長すぎるやろ」と言われたロッテ・西岡は「楽天に移籍したら切りますよ」

西武の大迫トレーニングコーチは「ヘックシッ」と、くしゃみを連発する野田を遠目に見ながら「こいつは驚いた。あいつ、完全に加藤茶をマスターしてやがる」

前日は札幌ドームで一発を含む3安打の活躍を見せた西武のG・G・佐藤は「夜はススキノでご飯を食べただっちゃ！何を食べたかは内緒だっちゃ！」。〝ラム〟肉ですね。

担当記者に囲まれた大社オーナーに日本ハム・ヒルマン監督が「キヲツケテ」。われわれは悪人ではありません。

秋の味覚を問われた西武の〝おかわり君〟こと中村は「う〜ん、ハンバーグですかねえ」。隣にいた栗山は「おまえはアホか、カツ丼や」。この勝負は引き分けです…。

野球少年にサインを求められたヤクルト・石川が「俺、青木じゃないけどいい？」

楽天・内藤広報が神妙な顔で告白。「この間（山崎）武さんのこと呼ぼうと思ったら〝武ちゃん〟ってかんじゃってさ…」。怒られたようです。

先発の駒不足に悩む西武・荒木投手コーチは、報道陣から中継ぎ右腕・山本歩の先発起用の可能性について問われ「ありえないよ。俺が東大に入るぐらいね」

読書にはまっているというロッテ・細谷は「イメチェンですよ。インテリアっす」。それを言うならインテリです。

日本ハム・白井ヘッドコーチは、稲葉と坪井が楽天・野村監督にあいさつに行ったきり戻らないため相手ベンチへ。「そろそろうちの選手を返していただけないかと。救出に来ました」

日頃からチーム状況を報道陣に説明する役回りの楽天・橋上ヘッドコーチは、矢継ぎ早の質問に「**俺は官房長官じゃねえ**」

青森出身の西武・細川は、虫に刺されて塗り薬を探している石井義に「そったぁもんは、薬なんていらねぇじゃよ。かいでおげばいいべやぁ〜」。津軽弁で「**そんな虫刺されは薬なんていらない。かいておけば治る**」という意味だそうです。

日本ハム・高田GMは練習見学に来た背番号8の少年を見つけ「**君は8番で好きな選手はいないのか?ん?**」。V9時代は分からない年代です。

ヤクルト・青木が対戦する楽天・田中へ「**ストレートを投げてくれると信じています**」。2打席目はフォークで空振り三振。

ロッテ・立花ヘッドコンディショニングコーチが長男・玲央くんを命名した当時を回想。「**カミさんに却下されてねえ。立花持夢(ジム)って付けたかったんだけど**」。それは商売用の看板では…。

巨人戦で2死球を受けてヘルメットを投げつけたヤクルト・青木。「**あれは僕のキャラじゃなかったです…**」

ロッテ・立花ヘッドコンディショニングコーチが楽天時代の久米島の思い出を披露。「髪を切ろうと思って理髪店に入ったら、2軒連続で〝うちは角刈り専門なんで…〟って言われてあきらめたよ」。立花コーチはロン毛です。

素振り用のミラーに向かって数種類のサングラスを掛け比べていたヤクルト・三木は「よし!こっちの方が怖い」

西武・カブレラは球場を訪れていた元阪神のバース氏と談笑。その近くを通りかかった日本ハム・森本を同氏に紹介。「これが日本のおバカさんです」

ロッテ・立花ヘッドコンディショニングコーチがベンチで人捜し。「赤井英和と漫画家の蛭子能収を足して2で割った人、いませんか?」。吉井が振り向きました。

広島・倉は小畑マネジャーに「脚に虫が止まっているよ」と言われ「それはスネ毛ですよ」

西武・片岡は報道陣の1人に「腹筋を鍛えたいので、腹の上に立ってもらえませんか?」と依頼。靴を脱ごうとする報道陣に「僕はMだから靴を履いたままで大丈夫ですよ。プライドまで踏みにじってください」

父の日にちなみ、試合前のミーティングで日本ハム・ヒルマン監督は子供がいる選手に挙手を求めたが、川尻広報は「もしかしたらいるかも、っていう人も挙げてました」。冗談ですよね。

真夏の陽気となった甲府での練習中、片岡から「暑いのは誰のせいだ？」と問われた西武の新人・岸は「すいません。自分のせいです」。とても理不尽な上下関係です。

ロッテ・バレンタイン監督がベンチで「ナイスピッチング！」と称賛。視線の先には早川のバットを折った吉井打撃投手がいました。

落合監督の猛ノックを受けている中日・中村紀。「毎日フラフラになってますよ。絶対、監督はSですよ。僕はMじゃないですけど」

楽天・野村監督があいさつに来た横浜・佐伯に「もうお迎えが来とるわ。線香あげにきてくれるか？」とジョーク。佐伯は「何言ってるんですか。向こうも受け入れませんからまだ大丈夫ですよ」

楽天ベンチの野村監督にあいさつしようとした度会の後ろからヤクルト・古田兼任監督がダッシュ。「待て〜。俺より先に行くな〜」

髪が伸びたことを指摘されたヤクルト・高井は「目標は赤西です」。ジャニーズでなく名投手を目指してください。

いつもより短い三分刈りにした西武・森山投手兼トレーニングコーチ。「息子に頭を見せて〝言うこと聞かないとこうするぞ〟って言ったら〝そんな頭じゃ学校行けないよ〟って言われたよ」

楽天・野村監督が田中を見つけてゲキ。「マー君、佑ちゃんに人気で負けてるぞ。整形するか?高須クリニックなら紹介するぞ」

白髪が目立ち始めてきたというヤクルト・花田は「安打を浴びるたび白髪が1本ずつ増えているんです。抑えても黒くなることはないし…」

西武・荒木投手コーチが報道陣に「携帯で明日以降の天気を調べてくれよ」とお願い。「やっぱり投手コーチは天候が気になりますよね」と振られると「いや、洗車するタイミングだよ」

この日から出場登録された松岡のセールスポイントを質問されたヤクルト・伊東ヘッドコーチは「顔」

ロッテ・小林雅がウオーミングアップの掛け声に合いの手。「イッチニーサン」「ニャー」「ニーニーサン」「ニャー」。かわいかったです。

日本ハム・今村球団会長は札幌ドームの医務室で待機する医師に「バッターが打てるようになる薬はありませんか？」

西武の〝おかわり君〟こと中村は汗びっしょりで練習を終えて「あ〜、脱水症状やあ。カレーが飲みたいなあ」。おなかも減っているようで…。

ロッテ・ズレータが「パイナップルを知ってますか。ベニーのことです」。確かに似てます。

小5の男の子からネット越しに「楽天に入れてください！」と頼まれた楽天・野村監督。「おう、入れてやる。ただし俺が生きてたらな。おじいさんだから待っておれん」

卒業式シーズンに高校生活を思い出した楽天・野村監督は「期末試験の世界史で何も分からんからタコ入道を書いてやったよ。〝手も足も出ない〟ってな。まあ、怒られたわ」

スイングスピードを測るバットを振っていた巨人・古城。直後に振った原監督の数値を見ると「同じくらいの数値でした…」

東京ドームでのトークライブに出演した巨人・小笠原。オフの楽しみは家族でディズニーランドに出掛けることで「好きな乗り物はダンボで～す」

米国出身の西武・リーファーから「グッドモーニング」とあいさつされた平尾は「欧米か！」。直後にベネズエラ出身のカブレラに話しかけられ「次は南米か！」

ロッテ・薮田がキャンプ地から自宅へ電話。ところがテレビに夢中の長女に電話を切られ「アンパンマンに負けました…」

小学校を訪問し、児童の母親から好きな女性のタイプを聞かれた楽天・田中。「あなたみたいな女性です」と大サービスも司会の児童が「田中選手、ウソはつかないでください」とばっさり。

球場を訪れた保育園児に話し掛けた楽天・野村監督。「サッチー知ってる？帰ったらお母さんに聞いてみな。怖～いオバさんだよ。ぶっ飛ばされるぞ」

西武・カブレラは男泣きしたソフトバンク・松中に近寄るとニヤニヤしながら「マツナカ、ナキムーシ、ナキムーシ！」

小走りで移動する西武・荒木投手コーチ。報道陣から「待ってください」と言われると「おまえたちに追っかけられると逃げたくなっちゃうんだよ」。高校時代、追いかけられた経験がトラウマになっているようです。

西武の〝おかわり君〟こと中村はプレーオフ取材で大集結した各局の女子アナを見つめて「みんなきれいやなあ〜。一体、何を食べてんのかなあ」

西武・片岡は習得中の英会話でリーファーと談笑。報道陣に会話の内容を問われて「8割ぐらいが政治、経済の話でした」。8割がボディーランゲージだったような…。

フリー打撃でサク越えを連発した中日・小田に、古巣の巨人ベンチから清水が絶叫。「来年、メジャーだな、おい」。ヤジは試合前から飛ぶみたいです。

ヤクルト・八重樫打撃コーチは取材を受けたテレビの女性ディレクターが突然倒れるハプニングに「貧血かな…。まさか俺のフェロモンじゃないだろうな」。もちろん貧血でした。

横浜・杉浦打撃投手は、観戦に訪れた元横浜で現ブルワーズの大家を見つけると「前に500円貸してたよな」

巨人・上原が頭頂部をとがらせたヘアスタイルの矢野に「なんやこの髪形は?巨人軍は紳士たれやろ」と言った直後に「うちの子もこんな髪形やな…」

身長1㍍69のヤクルト・石川が練習グラウンドでアリの巣穴を発見し、そこを踏んだ館山に抗議。「ダメだよ。自分の家が踏まれた場合を考えて」。小さくても頑張っているんです。

母校・大阪桐蔭からスラッガーが数多く出ている秘密を西武・中村は「メシが結構いいんですよ」。おかわり君らしい回答でした。

西武・松坂が後半戦への意気込みを問われていると、なぜか横にいた西口が口元を動かすことなく「精いっぱい、思い切りいくだけです」。腹話術師のいっこく堂も真っ青でした。

球宴第2戦に登板予定の全パ・涌井は全セ・金本との対戦を熱望。「全球ストレートで勝負します」と言いつつ、「決め球は」と問われると「チェンジアップです」

遠征のたびに、その土地の知人からお菓子の差し入れをもらう日本ハム・淡口打撃コーチが「〝何がいい？〟って聞かれるといつも〝お金〟って答えるんだけどね」

股間の近くにコーヒーをこぼしてしまった横浜・加藤は、ズボンのシミを一生懸命こすりながら「（中継が）全国ネットなのに…」

汗びっしょりで練習を終えた西武・栗山は、帽子を取って鏡を見ると「ビックリした。中井貴一がおるんかと思いました」。七、三分けもステキ。

登板翌日で単身、帰京する涌井に「1万円、貸してください」と頼まれた西武・中村は「しゃあないな。その代わり俺の老後は頼んだぞ」

阪神時代の同僚である楽天・カツノリと談笑していた西武・平尾は急に真顔で「どうでもいいけど鼻毛がオフサイドしてますよ」。負けじとカツノリも「笛が鳴ってないからセーフなんだよ」

前夜は深夜まで長野市内の宿舎のバーで飲んでいた西武・大塚打撃投手は、汗びっしょりで練習を終えてスポーツ飲料を飲み干すと「よっしゃ、これからマーライオンのように吐いてきます」

さっぱりとした髪形でグラウンドに現れたロッテ・里崎は**「パーマン、パーマン」**とご機嫌。どうやらパーマをかけたようです。

試合前練習で楽天・カツノリは、鹿島投手コーチに**「楽しいアメリカンツアーお願いします」**。毛嫌いする選手が多いアメリカンノックのことです。

ヤクルト・伊東投手兼ヘッドコーチが、右太腿裏筋膜炎から復帰した真中について**「帰ってきたな、夜の帝王が」**。いや、貴重な左打者が帰ってきたんだと思うのですが…。

いつ、どんな時でも冷静沈着なロッテ・中曽根通訳。会見中にバレンタイン監督から自らを紹介されても顔色一つ変えずに**「中曽根は意外と腕の立つ通訳です」**

4試合ぶりにスタメンを外れた〝おかわり君〟こと西武・中村は**「仕方がないっすよ。このところは〝ドゥ～ン〟って打てへんかったですから」**。村上ショージ？

試合前、巨人の練習をながめていたソフトバンク・王監督は**「あのピッチャーは誰？あれは打ちにくそうだ」**と警戒。視線の先をたどると、佐藤打撃投手でした。

5年ぶりに西武ドームを訪れたヤクルト・石井一。緑の多い球場周辺に「何県ですか、ここ」

プロ初打席初安打を放った楽天・塩川は「打ったボールは寮の部屋に飾っています。毎日、気持ち悪いほど見つめ合ってます」

楽天・野村監督は久しぶりに再会したヤクルト・石井一に「今度は俺の葬式やな」。その石井一は、彩子夫人が仕事を再開したことを野村監督から聞かれ「そろそろ野球を辞めるので、家庭に入ろうかと思いまして」。舌戦は引き分け？

横浜・クルーンはソフトバンク・王監督からサイン入りの写真をもらって「この仕事をやっていてよかった」

沙知代夫人から携帯電話を持たされている楽天・野村監督は「女には番号を教えちゃダメなんだって。でも俺はもう70歳だよ。今、元気があったら人生バラ色だぞ」

中日・福留は試合前に高校の先輩にあいさつ回り。オリックスには清原をはじめ、松山、新井コーチらが在籍しており「ＰＬ（学園）の先輩が多すぎるよ」

# 第4章 「楽天の監督を狙ってんだろ」

ロッテ・井上投手コーチからブルペンとベンチの電話が通じないと指摘された柳沼サブマネジャーは電源を入れ直して音声チェック。
「え〜、ラーメン2つお願いします」

祖母の他界で帰国し、消息不明だったヤクルト・ゴンザレス。伊東ヘッド兼投手コーチは「やっと連絡がついた。本当におばあちゃんがいたのかさえ分からなかったからね」

楽天・野村監督は評論家のデーブ大久保氏に「毎日何しに来とんのや？楽天の監督を狙ってんだろ。中小企業の社長の方が似合ってる」

誕生日を迎えたオリックス・吉井は報道陣からケーキとネクタイをプレゼントされ「うれしいわ。誕生日に祝ってもらったのはメッツ時代に同僚から〝ブサイク吉井〟と書かれたケーキをもらって以来や」

ヤクルト・木田がベンチで報道陣へ飲料水を手渡し「木田選手は担当記者に水を取ってあげる優しい人だと書いておいてください」

北九州市民球場シリーズ。あまりの寒さに西武・伊東監督は「そのうち地球は滅びるぞ。今のうちに好きなことをしておけよ」

開幕から打撃好調な西武の〝マッチョマン〟G・G・佐藤は、報道陣から目標とする選手を問われ「ドリアン・イエーツです。大学時代は部屋にポスターを貼りまくってました」。野球選手ではなく、ボディービルの世界王者のようです。

ヤクルト・青木が紫綬褒章の受章会見で緊張し「名誉ある賞をいただきまして、大変光栄であります」。硬くなりすぎであります。

横浜・クルーンは神宮外苑での草野球に参加していた外国人を発見。基礎がなっていないと見かねて飛び入り指導し「同じ外国人としてしっかりしてもらわないと」

日本ハム・小田にグラブの型付けを頼まれたという元選手の荒井広報が「難しい注文なんですよ。守備率9割8分のものを、って」

試合前、栗山のバッグを物色しているところを報道陣に発見された西武・赤田は「栗山には内緒にしておいてください。いつもこっそりガムを〝ルパン〟しているので」

楽天・野村監督はあいさつに訪れた女子硬式野球日本代表の監督を務める広瀬哲朗氏に「女性ホルモンをいっぱい吸収してんだろ。そのうち毛も生えてくるな」

ヤクルト戦で古田監督と初の師弟対決を行う楽天・野村監督は「アイツは俺を師と思っていないらしいな。テレビで立命大の監督を尊敬してるって聞いたぞ」

今年からチーフの肩書がついたヤクルト・小林トレーナーは「僕なんてチーフじゃなくチープですよ」。腰の低さが売りです。

横浜・牛島監督の印象について、楽天・野村監督は「野球界の頭脳派。社会で言ったら東大を出たようなもの」

ヤクルトのフリー打撃中、場内アナウンスが響いた。「ファウルボールと真中選手の行方には、ケガのないようご注意ください」。真中さん、どこに行くんですか。

豪州・ジーロングキャンプのブルペンでロッテ・小宮山が投球練習。落差あるフォークに「南半球だとよく落ちるな」

ヤクルト・古田監督は居残り特打の打撃投手を務めたアルバイトの学生に「ナイスピッチ。（高津に続き）きょう2人目の合格者だ」

日本ハム・田中幸は報道陣に銘菓・鳩サブレーを差し入れ。お礼を言われると「ポロッポー（いえいえ）」

西武・石井貴は、質問された記者の顔を突然凝視。しばらくの沈黙の後に「鼻毛が全開だよ。俺が打たれた試合で、笑えない状況だったらどうするの？」

巨人・原監督が取材に訪れていた〝親分〟こと大沢啓二氏をディロンに紹介。「ヒー・イズ・マイ・グランパ！グランパ！」

ソフトバンク・ズレータがペットボトルを持って絶叫。「ウーロン茶最高！パナマでは売ってないよ！」

春季キャンプで行われているヤクルトの場内アナウンスが大好評。「ただいま打撃練習をしているのは度会博文選手。趣味は素振りです」。真中と度会でアナウンサーにネタを仕込んでいるそうです。

もみあげが目立つヤクルト・米野に、八重樫打撃コーチが「寝ている間にもみあげ切ってやる」

地元女子高生に「ダルビッシュはどこですか？」と聞かれた日本ハム・高田ＧＭが「ダルビッシュより、おじさんの方がいいでしょ」。女子高生は「おじさん誰ですか？」

3試合、安打が出ていない西武・石井義は「バットが寝ている。起こさないと」

報道陣から的場は小さい頃、飛ばし屋だったと聞かされたソフトバンク・王監督。「その飛距離はどこに置いてきたんだろうね」

新人、東大出身の松家の横を通り過ぎた横浜・石井琢は「あいつの隣を通ると、なんか劣等感を感じちゃうんだよね」

阪神・岡田監督は千葉マリン名物の風の影響を聞かれ「選手はそんなに風を計算してないって。ゴルフみたいに打席で砂を指でつまんで上げてるやつがいるか？」

球場に一番乗りした日本ハムのベテラン右腕・立石。担当記者に「早いですね」と言われると「男性に〝早い〟は失礼ですよ」

阪神・岡田監督は報道陣にもビールかけの勧め。「おまえらもやってみればええ。風呂場で1人でな。目にしみるぞ」

先発転向の条件として牛島監督から「もう1人クルーンを連れてきたら」と言われた横浜・クルーンは「この国にクルーンは1人で十分。ピザとミートソースが足りなくなるよ」

ノックで左右に振られた平尾が「体力の限界です」と悲鳴を上げるのを聞いた西武・清水守備走塁コーチは「おまえは千代の富士か」

巨人・堀内監督は、先発で5回に急に乱れた桑田について「（今季まだ）勝ってないからだな。言い方は悪いけど、貧乏人が急に目の前にお金を出されて慌てちゃうようなものだ」

前日の試合で打球が股間を直撃して退場した西武・細川。「まだ少し腫れてるけど、ちょっと大きくなった。成長したみたい」

試合前、神宮のクラブハウスでファンに携帯電話で写真を撮られたヤクルト・ラミレスは「ワンモア、ワンモア、〝アイーン〟ガシタイカラ」。相変わらずのサービス精神です。

首位攻防戦を長男・福嗣さんとともに観戦した中日・落合監督の信子夫人。「横浜で応援しすぎて声がカラカラ。でも頑張って応援するわよ。血圧も上がってるから」

日本ハムは新外国人リーの獲得を正式発表。高田GMはまだ実際に見ておらず「通販みたいに3試合までクーリングオフがあればなあ」

義理堅いヤクルトの主砲・ラミレス。ティー打撃でトスを上げる杉村打撃コーチに流ちょうな日本語で「オン（恩）ニキルゼ」

広島・木村一が誕生したばかりの長男に詠人（よひと）と命名。「僕と違って頭のいい、文化系の人間になってほしい」

3人のパパであるロッテ・小宮山。小6ながら手足がスラリと伸びた8頭身美人の長女・萌ちゃんの話題になり「父親に似て脚が長いんだ。背も大きいし、このままいけば2メートルぐらいになるな」

腰痛持ちの西武・林マネジャーは腰をおさえながら「やばい。腰痛ハロー警報が出ている」

19歳になったばかりの涌井の目を見た西武・荒木投手コーチ。「白目の部分がまだ青くて澄んでいる。若いんだな」と言った後に報道陣の目を見て「濁ってるよ」

小さな女の子にサインを頼まれ、ペンを走らせていた巨人・上原。「お兄ちゃんが誰だか分かる?高橋由伸だよ」

右手首腱しょう炎の疑いで出場選手登録を抹消された細川について西武・伊東監督は「腱しょう炎は普通、強打者がなるんだけどな」

横浜・西岡守備走塁コーチから「おい、バカ2人を呼んでくれ」と頼まれた鶴岡が「分かりました。古木と小池ですね」と即答。「はい、バカ2人です」と登場した同級生コンビに西岡コーチは「ショックじゃないのか…」

打線が波に乗れない試合が多いことから横浜・田代打撃コーチは「試合中はミノ（胃）がキュンキュンしちゃうんだよな」

雨が降る中でなぜか「イイ天気、イイ天気」と繰り返していた巨人・ローズが、いきなりシコースキーを指さして一言。「オマエ、ノーテンキね」

最近のコメントに横文字が多いと指摘されたソフトバンク・王監督は「知らないうちに知性が出ているんだろうね」

巨人・堀内監督が、元木とのキャッチボールを終えて一言。「ダメだ。真っすぐがシュートするようなショートはいらねえよ」

ヤクルト・宮出が雨空を見上げて浮かない顔。「いつになったらパッとするんだろう、俺」

報道陣の質問に答えた西武・涌井。「眠たくてボーッとしているので今話していることは覚えていません。本当のことを言っているかどうかも分かりませんから」

若手にはどんなアドバイスをする、と質問された横浜・三浦は「リーゼントのやり方だよ」

引退後に日本で指導者を目指すヤクルト・ラミレス。将来の古田政権入閣も希望しており「3年後、僕はヘッドね」。妙に具体的です。

花粉症に苦しむ西武・石井丈投手コーチは「きょうは特にひどい。鼻にコンクリートが詰められてるみたい」

ロッテ・バレンタイン監督がフリー打撃に登板。「昔（元ドジャース監督の）トミー・ラソーダに〝投げる時は目をつぶれ〟と教えられたんだ」

東京ドームのエキサイトシートを見た日本ハム・高田ＧＭ。現役時代は三塁側への〝高田ファウル〟が有名で「ヒットを打つより喜ばれたんじゃないの？」

雑談でおとぎ話について話していた西武・黒岩球団代表は「浦島太郎も鬼ケ島へ鬼退治に行ったよね」。行ってません、桃太郎です。

古巣ヤクルト・岩村からマスコットバットを譲り受けた日本ハム・稲葉は「〝孤独な稲葉さんへ〟って書き添えてありました」

必死にカーブの練習をしている小野寺に西武・荒木投手コーチは「おまえのは引力で落ちているだけだな」

キャンプ休養日の休日の予定を聞かれた横浜・牛島監督は「山へ芝刈りに行きます。川に洗濯へは行かないけど」。ゴルフですね。

大勢のファンに囲まれた球界の高見盛ことヤクルト・佐藤賢が「男性ファンが多い？女性も大歓迎なんですけど、マニアックな人に好かれるんです」

約5キロのトレーニングボールを使って腹筋を鍛えていた中村に、西武・植田バッテリーコーチが一言。「それじゃボールと戯れるシロクマみたいやぞ」

横浜・山下監督がウッズに「調子はどう？」と質問。「エブリデー・グッド」という答えに「毎日じゃないよね」

日本ハム・ダルビッシュを初めて生で見た地元の女子中学生が「大きい、ラクダみたいに大きーい」

練習中に「大卒の方いらっしゃいます？」と突然、報道陣の方に歩み寄ってきた巨人・桑田。「アテネといえばパルテノン神殿。あれって紀元前だよね？（選手は）誰も知らなくてさ。紀元前って何ですかって人もいたんだよね」

ヤクルト・坂元が、プロ野球タイの４暴投した高井に向かって「いいなあ、名前が残って。俺も次投げる時は狙うよ」

英語でしゃべりまくるため周囲から口にチャックをしろと言われた横浜・セドリック。それでも話は止まらず「だってチャックがさびているから」

池谷投手コーチが質問をかわしてロッカールームに消えた様子を見ていた巨人・木佐貫。報道陣に深々と頭を下げ「すみません、うちの上司が…」

老朽化が進む仙台宮城球場でのゲームにヤクルト・古田は「うーん、でも見方によれば趣があるよね。〝いとをかし〟って感じ？」

ロッテ・バレンタイン監督は報道陣に「みなさん、早く鬼のお面をとってください」。節分でした。

横浜・米村外野守備走塁コーチは、阪神・ブラゼルと談笑。何語で話していたか聞かれ「日本語というより関西弁や。〝おまえ、関西弁うまくなったな〟と言ったら喜んどった」

右手に包帯を巻いて現れた横浜・松原ヘッドコーチ。前夜、ウッズの猛抗議を止めに入って突き指したが「反省させる意味を込めて、本人には骨折したと言ってあります」

先発の和田について聞かれたダイエー・王監督は「見かけはプロ野球選手という感じはしないよね。銀座、丸の内あたりで会っても気づかないと思うよ」

横浜・佐伯が「門倉は700系で、内川は500系だな」。新幹線のぞみの先端が、2人のアゴの形に似てるそうです。

横浜・吉川が、この日合流した門倉のアゴを見ながら「1、2、3、ダアー」とアントニオ猪木のまね。もちろんその後、ビンタを食らってました。

ヤクルト・真中がノックで左右に振られ汗だくの川島亮に向かって「うまくなってきたねえ。あんまりきつくないのに苦しそうな表情して」

外国人選手の苗字について「うちのウッズは普通っぽいね」と横浜・松原ヘッド。ちなみにヤクルト・ベバリンは「頭痛薬っぽい」、日本ハム・セギノールは「お尻の薬みたい」

宮崎から広島への移動の際、混雑した機内で立ち往生している報道陣に巨人・阿波野投手コーチがポツリ。「今度からつり革つけてもらって立っていけばいいんじゃない」

腰をかがめながらベンチに引き揚げてきた日本ハム・岩本。心配する報道陣に向かって「人間のぼうこうの限界は2リットルって知ってます？」。限界に達していたようです。

子供から「大道さんはどうですか？」と尋ねられたダイエー・王監督は「今、指を痛めてファームで練習しているよ。それにしても君は玄人好みだね」

この日、1軍に合流したばかりの日本ハム・入来は、芝草自慢の緑色のグラブを見て「バッタですか？」

阪神戦先発を前に、ファンの少年にサインをせがまれた巨人・木佐貫。「ゴメンね、おじさん、きょう大仕事があるんだよ。緊張してるんだ」

ヤクルト・古田が横浜・種田の独特のフォームをマネながら「う～ん、メチャクチャ足首に負担が掛かるなあ…」。すると真中が「古田さん、あれが仕事なんだから言っちゃダメですよ」

球種を尋ねられたダイエー・水田は「スライダー、フォーク。あと落ちるストレートですね」。それって球がおじぎしているってことでは…。

開幕から8試合目でまだ出番がないダイエー・田口。「俺はまだベールに包まれたままの男」だそうです。

ヤクルト・若松監督が、ダイエー戦で米野が頭に死球を受けて駆けつけたシーンを振り返り「米野に〝城島に聞こえるように自分の名前を言ってみろ〟って言ったら〝大丈夫です〟だって…。やっぱり言えないじゃないか」

子供ファンから帽子にサインをするようにねだられた横浜・村田が絶句。「巨人の帽子なんですけど」

志願特打を行ったヤクルト・岩村。同僚ラミレスのフォームにますます似てきたことを指摘され「形は大事でしょ。ゴルフをやる時、最初はみんなタイガー・ウッズの格好をマネするやろ」

ヤクルト・河端が、生まれたばかりの花田の長女・美梨（みり）ちゃんの話をしていると「うちは（長男が）梨太（りんた）だから美梨↓梨太って、しりとりになってるね。じゃあ、次はタヌキだ」

横浜・内川とキャッチボールをしていた山下監督。内川と同じでアゴが長い門倉の登場に「おい、相棒が来たぞ!」

ヤクルト・マーチンを乗せたタクシーの運転手に近藤通訳が道順を簡単に説明。見送った後に「あいつ右、左は日本語で言えるけど、止まれは言えないんだよな。大丈夫かな…」

メッツ時代、退場になりながらサングラスとつけひげで再度ベンチ入りした経験があるバレンタイン監督。ロッテ・中曽根通訳は「誕生日に新しいサングラスとひげをプレゼントしようかな」

ロッテ・小宮山は頭にハチマキのようにタオルを巻き「バカボンのパパみたいでしょ」

室内でマシン打撃を行うヤクルト・ベバリンが快音を連発。見つめていたルーキーの川島亮に「覚えておけよ。今のは広島球場ならホームランだぜ!」

ヤクルト・石井弘がキャッチボールで「カーブいきます」。捕球した伊藤育成コーチは「シヨンベン」。続けて「スライダーいきます」「シヨンベン」。石井弘は肩を落としていました。

韓国・ＳＫの選手から「ユー、ナイスピッチャー！」と声を掛けられたヤクルト・高井は「ノー。ノーコントロール」

休養日を利用して映画を見に行ったヤクルト・石川。マシン打撃で思い切り打球を叩き「俺もラスト・サムライになる！」

ヤクルト・福川が右膝を痛め別メニュー調整のラミレスについて「大したことないんでしょう？〝ジャミレスさく裂〟って書いてください」

プールトレのために水着に着替えていた巨人・鴨志田が「これパンストみたいにしないとはけないんですよ」。報道陣に「はいたことあるの？」と突っ込まれ「やばい…」と赤面。

日本ハム・新庄のサインを求めて集まるファンを見た白井ヘッドコーチ。「俺もサイン欲しいって新庄に言ったら〝列に並んでください〟って言われちゃったよ」

1月に自主トレ先の豪州で射撃を行った巨人・桑田は「僕のこと悪く書いたら撃ちますからね」。気をつけます…。

2軍練習を視察したロッテ・バレンタイン監督は昼食後のメニューが詰まっていると聞き「クイック・ウドンですね」

アイシングを終えた西武・小野寺に清水外野守備走塁コーチが「お前は頭もアイシングしろ！」。すると小野寺は「いやあ、冷やしても治んないんすよ」

2軍練習からの帰りのバスでサンマリンスタジアム近くを通りかかった巨人・元木。報道陣の集団を見つけて窓から顔を出し「俺のこと忘れるんじゃねえぞー。忘れんなよー、忘れんなよー」

打撃投手を務めたロッテ・バレンタイン監督はすぐに降板し「生涯最後の5球になる。もう復活登板はないと思うよ」

ダイエー・城島は黒江前ヘッドコーチを見つけると「黒江さん、凄いね。シリーズで7本もホームラン打ってるんですね。球場そんなに狭かったんですか？」

元選手で現ダイエー球団職員の湯上谷氏に、背番号6を受け継いだ鳥越が「先輩、どうなっとるんですか。この番号全然活躍せんのですけど」

スポーツ紙の1面を見て「やばい。絶対仕返しされる」とおびえ始めた阪神・藤本。その新聞には、サヨナラ弾を放った金本を後ろからキックで祝福する写真が…。

最近、練習中にアフロヘアのかつらをかぶっている横浜・ウッズ。評判を聞かれ「山下監督も昔を思い出して喜んでくれてるようだね」

試合前に遊撃の守備位置で特守を受けた巨人・桑田。「ピッチャーも守備練習は必要なんですよ。日本人が英語を勉強するのと一緒ですよ」

解説者の高田繁氏を見かけた横浜・山下監督が「高田さんもだいぶ髪が減ってきたな。握手してこよう」

急性胃腸炎のために宿舎で静養した巨人・レイサムは深刻な表情。「日本で病気になると大変なんだ。おかゆを食べなきゃいけないんだ。腹は痛いけど、おかゆだけは口に合わないんだよ」

北海道出身のヤクルト・若松監督。痛風に苦しむ渡辺チーフコーチを心配しながら「俺は小さい時から魚の骨ばっかり食べていたから大丈夫なんだ」

いつも横浜・種田のことを「猿に似ている」とからかっている佐伯が「オマエのおかんは日光出身で、親父は上野出身だろう?」。それって動物園のある場所ですが…。

高級ブランドの服で身を固めた巨人・桑田だが「人は中身ですよ。いくらきれいな人と結婚しても10年、20年たったらどうするの?僕のことを言っているんじゃないですよ」

横浜・佐伯が髪の毛に手をやりながら「美容院に行けば坂口憲二みたいな髪形になるけど、理髪店に行くと坂口征二みたいにされちゃうからなあ。どっちにしようかな」

23歳の巨人・木佐貫にアドバイスを送った40歳の工藤。報道陣に囲まれ「〝生きた教材〟とか言うなよ。年寄りってことじゃないか」

チャーハンづくりの極意を語る巨人・桑田。「銀（米）を金（卵）で包むんだよ。どうなると思う?」。目を白黒させる報道陣に「金、銀とくれば、やっぱ銅でしょ!」

２軍調整中の巨人・桑田が独特の人生観を披露。「僕はいつもきっちり計画を立てるタイプ。誕生日でも何日か前からレストランを予約するんです。それで3分でも遅れると〝ちょっと遅れます〟ってすぐ電話しちゃうんですよ」

ヤクルト・古田がバッテリーを組む伊良部について「まだ全然コミュニケーションをとってないんだよ。最初は星座の話でもしようかな」

試合前、西武・カブレラと対面した横浜・ウッズは急に顔色を変えてひと言。「彼の腕はドラム缶だ。飛距離で負けたくないと言った自分が悲しいよ」

最も対戦したい投手にダイエー・和田の名前を挙げたヤクルト・古田。「いやあ、なんてったって目がいいねえ。歌舞伎役者みたいだ」

誕生日だったヤクルト・高井。「お母さんが〝18歳おめでとう〟ってメールをくれたんです。でも、僕、19歳なんですけど…」

ストレッチ中に沢井の足が顔面をかすめたロッテ・里崎。「顔が命なんだからやめてくれよ」

雨を心配する横浜・デニーは報道陣から詳しい天気予報を教えてもらうと「みなさんは思っていたよりいい人たちですね」

陽気なヤクルト・ラミレスは髪が薄くモテなさそうな男性記者にあいさつ。「ヘイ、チェリーボーイ！」

猛暑の甲子園での練習に巨人・上原が「プレートの下からクーラーが吹いてくるようにしたら毎年20勝できるのに」

年俸５１６万円の巨人・林から「そんなにお金もらって何に使っているんですか？」と聞かれた年俸３億円の工藤は「おまえにおごる金がないことだけは確かだよ」

来日以来、体重を数キロ落としたという日本ハム・ヒルマン監督。ダイエットの方法を聞かれ「運動することと、試合に負けることだよ」

新外国人リガンについて聞かれた阪神・星野監督。「うちの外国人は来るまではみんな凄いんや。でも、飛行機で太平洋を越える間に（球速が）15キロは落ちるからな」

さわやかなブルーのシャツを着て球場入りした巨人・桑田。ニヤリとしながら「昔の僕は凄かったんだよ。紫とかピンクばかり着ていたんだから」

阪神ファンに占拠されている本拠・神宮にヤクルト・飯田は藤原営業部長に向かって「もっと営業努力してよ」と苦言。同部長はすぐに「おまえも頑張れよ」

メジャースタイルでベンチが壁際に1列しかない千葉マリンのベンチ。小柄なヤクルト・若松監督は「見えないんだよ」

岩手への移動後の練習でアメリカンノックを行った広島。ノックの飛球を追いながら両翼のポール間を5往復したハーストは「米国ではやったことがないのに何でアメリカンノックと言うんだ?」

スタンドの金沢のファンから熱烈な声援を受けたヤクルト・古田。何度も手を振って応えながら「金沢市長選に出馬したら(票を)入れてよね」

打撃ケージのネットのすき間に立っていた横浜・山下監督。「危ないですよ」と言われ「大丈夫。こんなところを狙って打てるのは落合だけ。狙わずに打つのは古木だけど」

ダイエー・スクルメタが食事中に「うまい!日本のパイナップルは最高だな」と連発。でも、それ輸入品なんですが…。

練習前、後藤武に「ちわっす」とあいさつされた西武・伊東は「おまえ、それであいさつが成立したと思っているのか?」

球宴ファン投票のセ・リーグ抑え部門で阪神・ウィリアムスに猛追されるヤクルト・高津は「全国のヤクルトレディーに（投票を）頼もうかな」

球団スタッフに「ヒビノドリョク、カンシャシマス」と礼を言うヒルマン監督に、日本ハム・白井ヘッドコーチが「日本人が使わないような日本語を知っているなあ」

横浜・中村が古巣・中日のマスコット、ドアラに「年上にあいさつする時はお面を取れって言ってるだろ」と一喝。しかし、すぐに隣にいた相川に「でもアイツ、あれで結構おっさんなんだけどな」

ヤクルト・花田は甲子園でどんなヤジが一番キツいかを聞かれ「何よりも〝おまえ、何て名前や〟というのが一番つらい…」。

今季痛打を浴びているヤクルト・鈴木の印象を聞かれた巨人・原監督。「必死にやるタイプでもないし、眠狂四郎みたいなタイプだな」

前日、日本新記録となる230セーブを挙げたヤクルト・高津は「きょうはスポーツ紙の記事の大きさを定規で測ったよ」

一昨年に一度だけ西武・カブレラと対戦したという日本ハム・吉崎が結果を聞かれ「敬遠です」

フリー打撃で一塁を守っていた松島スコアラーに打球が当たりそうになったのを見た横浜・山下監督。「おい、気をつけろよ。あいつは現役時代の健康診断で運動不足って言われたんだから」

オープン戦で好投しているヤクルト・坂元。若松監督から「いろいろと考えて投げている」と成長を認められたが、それを伝え聞き「えっ、本当ですか？だって僕は何も考えてないですよ、バカですから」

白ひげを蓄えた解説者の安仁屋氏を見たロッテ・山本監督。「サンタクロースじゃないの？」

試合中にウトウトしていた髪の薄い報道陣を見つけたヤクルト・宮本は「むしるぞ、コラッ！」

# 第5章「気の強い女は優しいんやで」

股関節を柔らかくするためリンボーダンスに挑戦した横浜投手陣。器用にこなした河原を見た中野渡が「玄関にひも張っていつも練習してるんじゃないの」

日本代表・長嶋監督は西武キャンプの印象を聞かれ「きょうはお昼もいただきまして、チャーハンがとてもおいしかったです」

西武・豊田は夕食後、報道陣席に顔を出すと「皆さん、ネタがないなら僕がここで毒でも吐きましょうか」

全日本の指揮を執る巨人・原監督は地元テレビ局の取材で「きょうは勝てますか?」と問われ「分かりません。僕は占い師じゃありませんから…」

00年の日米野球でボンズに一発を浴びているヤクルト・五十嵐亮。再戦を楽しみにしつつも「僕ってホームランを打たれて快感を覚える〝M〟だと思われてるんじゃないですかねえ」

1メートル69と小柄なヤクルトのルーキー・石川は「でも、うちの親せきには1メートル90を超える人がいるんです。信じてください」

ランニングで周回を重ねるごとにバテてきたダイエー・寺原に斉藤学投手コーチが「腰落ちすぎだ！」と一喝。寺原は「僕、シャコタンなんです」

走塁練習を終え、汗だくの巨人・江藤に観客席の幼稚園児から「江藤ちゃ〜ん、もっと走って」との叫び声。江藤は「これは誰かの差し金か？」

グリップだけが白い黒バットを使っている巨人・長田。「ポッキーみたいで昼見るとおなかが減るんですよね」

自分が投げているところの写真が欲しいと報道陣にお願いしたロッテ・黒木詢。「写真はあると思うんですよ。少なくとも火ダルマになってる写真はあるはずです」

投手陣にノックを始めようとした横浜・森投手コーチ。森中がぞろぞろと8人も引き連れてきた様子を見て「みんなで受ければ楽できるって魂胆だな」

髪を栗色に染めているロッテ・サブロー。「割っても中身は空っぽだよ」

東京ドームに訪れた巨人・長嶋前監督。入ってくるなり「ちょっとトイレへね」と開けたドアはジャビット君の控室でした。

神宮での練習中に蚊に刺されまくったヤクルト・石川は「いや～、故郷の秋田と比べて東京の蚊は元気が良すぎますよ」

長さ50センチほどの子供用の木製バットを見つけたヤクルト・宮本は身長1メートル69のルーキー石川をつかまえ「これ、おまえのバットだろ？」

報道陣が持っていた「人生山あり谷あり」と書かれた扇子を見たヤクルト・土橋。「俺の人生なんて谷ばっかりだよ。山がないよな…」

浦和学院高時代、厳しい先輩だったのかと聞かれたヤクルト・坂元は「いや～、それがナメられてばっかりでした。名前で〝ヤタ〟とか呼ばれて」

神宮クラブハウスでマニキュアのにおいをかいだヤクルト・五十嵐亮は「昔を思い出すにおいだな」。ひょっとして元不良でした？

グラウンドで田淵チーフ打撃コーチがテレビ東京の家森幸子アナと談笑する姿を見つけた阪神・星野監督。「田淵のタイプらしいで。俺と1回も女の趣味がガチンコすることがなかったから、アイツとはここまで仲良うやってこれたんや」

渡辺オーナーから将来の指導者のポストを約束された巨人・桑田。「まだ僕が将来何をやるか知らないでしょ。ピアニストの道を目指しているんですよ」

阪神・星野監督がチーム最年長40歳の広沢に「あと何年やるつもりだ?」。３本指を立てた広沢を見て「そうか。あと3カ月か」

関係者に頼まれ、試合前にサインをする松井の姿を見た巨人・内田打撃コーチ。「サインは1人1枚ね。それ以上すると、握力が落ちて本塁打が二塁打になっちゃうから」

前日の大乱闘で英語を駆使して阪神・アリアスを制した巨人・桑田。「アリアスは止まったんだけど、当事者じゃなく、他の方が凄かったね。これ以上やっていたら俺の酔拳が出るところだったよ。危ない危ない」

ちょっぴり髪が気になるヤクルト・五十嵐亮は髪の薄い報道陣に「一緒にアデランスに行きましょう。将来のためにヘアチェックを受けたいんです」

前日に1軍に合流した中日・リナレス。山田監督から「おい、スペイン語で（リナレスに）あいさつしてみろ」と指名された大西は「ボンジュール」

日本ハム・小笠原対策を聞かれたヤクルト・古田は「ヒゲを引っ張ろうかな」

元巨人で来日中のクロマティ氏を見て阪神・星野監督。「最初は内野ゴロばかりで〝ゴロマティ〟と呼ばれていたんだよな」

黒江ヘッドコーチが妙齢の女性ファンと話しているのを見た横浜・中村。「いつも選手にはボールは振るなって言ってるのに」

10メートルを超える強風の千葉マリン。ヤクルト・若松監督は空を指さし「ほら見ろ、あの飛行機なんて揺れているぞ」

突然降り出した雨の中、打撃練習を行っていた横浜・金城に中村は「あいつ、車のサンルーフを開けっ放しにしていたらしいから打撃練習どころじゃないだろうな」

夏本番を思わせる暑さに、ベンチを見渡した阪神・星野監督。「ここは扇風機がないんやな。俺が壊すからか？」

なかなか進まぬチーム改革に頭を悩ます横浜・森監督。「勉強嫌いな子に勉強させるにはどうしたらいいのかな。好きにやらした方がいいのかな」

松井と現役時代の比較をされた巨人・原監督。「パワー的には俺なんてゴジ（松井）の半分以下。鼻くそみたいなもんだよ」

阪神戦（甲子園）で登板したアルモンテがマウンドの土をしきりに掘り起こしていたことに、巨人・原監督は「（母国の）ドミニカまで掘るつもりかって言ってやったよ」

打撃不振に頭が痛い横浜・田代打撃コーチ。「やせたいんだったら、このユニホーム貸すぞ。すぐやせられるよ」

左ふくらはぎ痛などで先発メンバーから外れた真中の状態についてヤクルト・堀内チーフトレーナーは「左投手を打てないからです」。どういう診断ですか？

女性観について自説を述べる阪神・星野監督。「気の強い女は優しいんやで。俺のデータではそうなっとる。スコアラーからもそういう報告や」

スタンドからのヤジにキレて金網越しに応戦した阪神・田淵チーフ打撃コーチ。「よく見たら俺が評論家時代に（広島）市民球場に来るたびに〝おまえが来たら負けるんや〟と必ずヤジっていたおっさんやった」

試合前、報道陣から「仕切り直しですね」と言われたロッテ・山本監督。「何回仕切り直してると思っているんだ。股が割れそうだよ」

スポニチの読者プレゼントで手袋を提供してくれたヤクルト・真中は「もし応募が3人以下だったら悲しいから返して」。どんどん応募してください。

マスコット人形のお面をかぶり、陽気に振る舞っていた横浜・グラン。ところが、お面を脱ぐや「オエー」。相当におうんですね。

前日2号ソロを放ったヤクルト・宮本とバットを交換していた中日・谷繁。「なんで宮本のが入って、俺のが入らないんだ！」。中飛、右飛でした。

ヤクルト・真中が堀内チーフトレーナーに「ダメですよ、トレーナーが首を寝違えてちゃ」

ゴリラに似ていることから「ゴリ」の愛称を持つヤクルト・石井弘は練習前、とあるファンを捕まえ「おまえ、きのうの投球練習中にずっと〝ゴリ、ゴリ〟言ってただろ。練習にならないだろ。ゴリゴリ言うな、ゴリゴリ」

この日39歳の誕生日を迎えた巨人・工藤。「この年になると誕生日はうれしくない。ろうそく？本数が多すぎて俺の肺活量じゃ1度で消えないよ」

ファンから新人の鴨志田と名前を間違えられた30歳の巨人・柏田。鴨志田に「おまえは名前変えた方がいい。山田か佐藤にしろ」

ヤクルト・坂元は1㍍69と小柄なルーキー石川に「サザエさんのタラちゃんに似ていますよね」。石川はのちに成長し、ニックネームは「カツオ」になりました。

今季初めての東京ドームでいきなり人工芝に寝転んだヤクルト・藤井は「サッカーやりてえ！」

ペタジーニのオルガ夫人と長話をしたことがあるヤクルト・堀内チーフトレーナーは「その後が大変だった。ペタジーニに〝何を話したんだ!〟と詰め寄られて殴られそうになったよ」

報道陣から今一番欲しいものを聞かれたヤクルトのルーキー・石川は「身長です」

注目の初登板日を報道陣に聞かれたヤクルトのルーキー・石川。「僕って昔から狼少年だから、まともに聞いちゃダメですよ」

真田の両親にあいさつした巨人・原監督。「いやあ、真田君いいですよ。どこがいいかうまくは言えないですけど」

スタンドのファンから「神様!」と声を掛けられた阪神・星野監督。「そろそろ宗教法人を申請せないかんな」

ロッカー入り口に頭をぶつけないよう頭上からテープが垂らされていたが、巨人・元木が「これ髪の毛に引っつくんだよな」と言うと清水は「ハエと同じですね」

始球式のため球場を訪れたタレント・和田アキ子から元木の４番起用を嘆願された巨人・原監督。「それじゃあ試合捨てることになっちゃうよ」

初の開幕マスクが期待されるロッテ・里崎。報道陣から「本妻が来た」と冷やかされると「まだまだ愛人ですよ」

打撃練習に向かうヤクルト・古田はボールボーイに滑り止めスプレーを〝投げて〟と手で合図。なぜかボールが飛んでくると、そのボールでバットにスプレーするボケを披露しながら「コントじゃないんやから！」

前日、２盗塁を決めたヤクルト・代田は「登録名をルパンに変えようと思ってるんです。塁を盗むという意味で。ダメですかね？」

忘れ物の常習犯といえばヤクルト・五十嵐亮。10日前にはスパイク、この日も練習開始と同時に自転車で神宮クラブハウスに戻る五十嵐亮は「スパイクを忘れた？ いや違います。今度はグラブです」

試合前の練習中、ダイエー・城島の送球練習を見た巨人・工藤は「もっと低く投げろよ。おまえが俺にいつも言ってたじゃないか」

髪を短くカットした巨人・桑田が一言。「かつらを代えただけですから。こんな短いかつらありますか」。ひとりボケ、ひとりツッコミでした。

正二塁手を狙うヤクルト・三木。偵察した巨人・柴田運営部員から「打撃が力強くなった。マスクもいいしスター性がある」と評価されて「俺のこと好きなのかな。ちょっと怖い…」

休日でゴルフを楽しんだ巨人・淡口２軍監督。スコアを聞かれると「僕は言い訳はしないよ。風が強かったなんてね」

横浜・福盛がスポニチカメラマンに「顔が大きすぎるよ。産むときにお母さん大変だったでしょう」

休日前にもかかわらず宿舎で夜間のシャドーピッチングに向かうダイエー・星野。「僕たちはまだ義務教育ですから」

球場から宿舎までの７キロ走を命じられた寺原にダイエー・松中は「ポケットに（タクシー代の）１０００円札入れてないか。ルーキーはまだズルしちゃだめだぞ」

取材に訪れた元祖・怪物の江川卓氏から「節制した方がいい」とアドバイスを受けたダイエー・寺原。取材後、田中広報に「節制ってどういうことなんですか」

ファンから頼まれたサインを「昼飯食べるからダメ」と断った巨人・工藤にファンが一言。「よく噛んで」

巨人・アルモンテの記事を読んだ日本ハム・岩本。「ちょっと活躍したらすぐデルモンテのCMに出られるな」

ヤクルトのルーキー・石川は身長1メートル69。宿舎のエレベーターで宿泊客の中年女性から「君は修学旅行で来たの?」と聞かれ「そんなようなものです…」

メンタルトレーニングの重要性を力説する西武・伊原監督。女性記者に「あなたも聞きますか?結婚したらダンナの操縦法に役立つかもよ」

宿舎でいつでもジャージー姿のヤクルト・入来は「私服を持ってきていないんだよ。カバンの中はプレイステーション2だけやったんやから」

観衆６００人の発表に「そんなに来ている？」と疑惑の目を向けられた横浜・竹田広報。「いるよお。みんなトイレに行っているんだよ。何なら野鳥の会でも連れてくる？」

練習前に１人ポツンとベンチに座っていた巨人・入来。「だってロッカーに入れないんですよ。僕って顔に似合わず人見知りするんです」。その後、ヤクルトの兄・智を捕まえて談笑。「兄貴、ありがとう！」

解説に訪れた長嶋前巨人監督を見た解説者の権藤博氏。「長嶋さんって野球分かるのかな」。親友ならではの毒舌です。

報道陣をかきわけてサインをねだってきた少年にヤクルト・古田は「よくこんな所に突っ込んできたな。お見事！」

あこがれのヤクルト・若松監督に練習でティーを上げてもらった阪神・赤星。「めちゃくちゃ緊張しました。上坂にダメだ、交代してくれってサインを送ってたのに無視されましたよ」

前日、杉山バッテリーコーチの激しいヤジにキレた横浜・中根に対し、巨人・所サブマネジャーは「あれぐらいでキレちゃダメ。昔は選手の女房の男遊びのことまでヤジったもんだよ」

試合前に「もう大阪には行きたくない。体がしんどいからね」と話していたヤクルト・真中。「痛めている左肘？」と尋ねられると「飲み過ぎです」

近鉄・吉岡の三塁守備について伊勢ヘッドコーチは「俺も経験あるけど一塁から三塁は怖いんだよね。だんだん後ろに下がって気がついたら外野にいるんだ」

ホームインの際、派手なガッツポーズを見せたヤクルト・宮本は「俺の野球美学に反することをしてしまった。反省です…」

慣れない左翼で先発出場が多い巨人・マルティネス。「外国人で良かったよ。レフトでヤジが飛んでも日本語が分からないから」

打撃不振返上へ中日・星野監督がひらめいたように「プロゴルファーだって打ちっ放しに金を払っている。特打で1球10円を取ればバッターも真剣にボールを見極めて打つようになるんじゃないか」

スポニチの読者プレゼント用のスパイクを手にした高津を見て、ヤクルト・堀内チーフトレーナーが報道陣に「応募するので住所教えてください」

試合前に、テレビのキャスターとして球場に取材にきた元バレーボール日本代表の中田久美と初対面した日本ハム・小笠原。「印象が違うね。今までは試合で〝ウオーッ〟ってほえているイメージしかなかったけど…」

グラウンドを歩いていた高橋憲を見て日本ハム・丑山バッテリーコーチが「人相悪いぞ！」

ホームページで武術の練習姿を発表した巨人・桑田は「今度手合わせしようか」

ヤクルトの打撃練習の順番が書いてあるボードになぜか高津、五十嵐の名前が。２人の打撃投手には「コンドー」と近藤通訳の名前。それを見た近藤通訳は「また高津さんだ…」

横浜・笹川チーム運営部長は水虫が悪化して２軍落ちした細見に「水虫で死んだやつはいないから大丈夫」

膝や腰に持病を抱えるプロ15年目のロッテのベテラン・佐藤。「誰か俺の半月板と腰を交換しない？」

テレビの取材で西武ドームを訪れたタレント・菊川怜に笑顔であいさつする小笠原を見た日本ハム・下柳が「あっ、鉄仮面が笑ってる！」

テレビ局のゲストで田村亮子が東京ドームに来ると聞いた日本ハム・金子は「えっ、うちを一本背負いするために？」

最近、日本文学を熟読しているという巨人・桑田。「太宰治さんなんかいいですよ。すさんだ心が洗われる。下ろしたてのシャツを着ている気分になれますよ」

甲子園で注目の日南学園・寺原が登板。巨人・條辺は「彼は化け物ですよ。僕、ファンなんです。1度会ってみたいなあ」

一時は99キロあった体重を減量で90キロまで落とした巨人・條辺。再び増量するよう指示され「僕は馬なんですかねえ。増やしたり、減らしたり…」

真夏にもかかわらず長袖のシャツで球場入りした巨人・桑田は「僕は自宅とドームの往復ですから、いつも涼しいんですよ」

5年目にして球宴初出場の広島・黒田はそうそうたる顔ぶれを見て「佐々岡さんと高橋さんがいてくれて助かっています。もし1人だけだったらキャッチボールする相手もいなくて壁当てしてます」

右肩を痛め、中日戦を欠場したヤクルト・古田。球場入りの際に数人の少年ファンから「大丈夫ですか?」と声をかけられ「すまんなあ。君らにも心配かけて…」

札幌ドームは感動の連続という巨人・長嶋監督。「ロッカールームなんて東京ドームの倍はありました。大きな声じゃ言えませんが〝頑張ったな、北海道〟って感じですかね」

勝敗によって喜怒哀楽がはっきり表れる日本ハム・三沢チーム統括本部長は「負けている時は監督から〝きょうは血圧を抑える薬を何錠飲んだんですか〟と聞かれるんだよ」

体重を聞かれ、かわいい声で「88キロで〜す」と答えた小林雅に、ロッテ・石田打撃投手が「5キロはサバを読んでいるな」

選手バスが予定時刻よりかなり早く福岡ドームに到着し、日本ハム・鳥居広報は「誰か忘れてきてないかな」

試合前に険しい表情の片岡を見て日本ハム・嶋田外野守備走塁コーチは「みけんがアディダスになってるよ」

新外国人アルモンテを東京ドームで見掛けた巨人・江藤は「あれが新外国人のデルモンテ？違う？分かった、ロシナンテだっけ」

横浜・黒江ヘッドコーチは1本足打法について「俺も試してみたけど、1本足はできるけど、振れないよ。王監督はフラミンゴだけど、俺はかかしだったたな」

巨人・長嶋監督の朝の散歩から。宿舎で結婚式用にバイオリンを弾いている一団を見つけると「ん、何ですか？きょうは〝ロビーパーティー〟でもあるのかな」。いわゆる1つの長嶋語？

関係者以外立ち入り禁止の場所でファンからサインを求められた西武・石井貴。「見つかると怒られるから。早く逃げなさい」。逃走の手助け？

「俺はシティーボーイだよ」と言う日本ハム・上田にオバンドーが「ノー、ナガノボーイ！」。上田は長野県出身です。

巨人・川相は素振り用の鉄の棒を振り回しながら「俺の場合、くわを持っている方が似合うよな」

大学時代の指導者について聞かれた巨人・上原。「いないっすよ。僕は放し飼いですから」

大阪市内のホテルで開かれた激励会であいさつに立った阪神・野崎球団社長。「野村監督は例えるならウニだと思います。かなりトゲがありますが、割ってみたらおいしい。監督は一見とっつきにくいですが、中身はいいものがあります。いいものを積極的に吸収してもらいたい」

開幕を迎えても相変わらず花粉症に苦しむ西武・デニー。「この時期は、ハクション大魔王は大忙しだろうね。壺から出たり入ったりして」

開幕と同時の井出リタイアに頭を抱える日本ハム・古屋チーフ打撃コーチ。苦しい台所事情に「やりくり上手のうちの奥さん呼んでこようかな」

ベンチに友人から贈られた手長ザルのぬいぐるみを飾っているヤクルト・ラミレス。「ラッキーマスコット？」と聞かれ、真顔で「ノー！マイフレンド」

ヤクルト・真中が打率を4割に乗せた。その次を打つ2番の宮本。「俺の2割台の打率が目立つんだよねえ。モザイクかけてくれないかな…」

メッツ・新庄がスタメンで2安打したことを伝え聞いた巨人・長嶋監督は「阪神在籍中には見られないノビノビさでやってるな。アメリカンドリーム的なものがある」

ヤクルトの新外国人・ラミレスは報道陣から太鼓やトランペットを使った日本流の応援と米国流の違いを尋ねられ「俺はベネズエラ人だから…」

絶好調のヤクルト・稲葉にチームリーダーの宮本がひと言。「チームを引っ張っていってくれよ。俺は逆に引っ張るから」

試合前に大勢の報道陣に囲まれる巨人・長嶋監督を見て日本ハム・大島監督は「俺も（担当記者）6人に囲まれてるな。アリババと6人の盗賊…」。あと1人で7人でした。

巨人との初のオープン戦で横浜のドラフト1位・内川（大分工）は「きょうの目標？ヒットとかじゃなく、長嶋監督に名前と顔を覚えてもらうことです」

中日・大豊が走塁練習をしている姿を見たロッテ・本西。「変わったなあ。阪神にいた時はあんなことしてなかったで」

巨人・南は高橋尚からもらった「ついてる」シールをベルトに貼っているが「これを貼ってからよう打たれるんや」

ダイエーとの練習試合の初回、慶大出身の西武のルーキー・佐藤友が送りバントを失敗。これに佐々木ヘッドコーチは「あいつのプレーは慶応大学じゃなく慶応幼稚舎だな」

舌をダランと出した犬を見た横浜・秋元バッテリーコーチは斎藤隆に「おまえがマウンドにいる時とそっくりだな」

浦添市内観光で美術館を見学したヤクルトのルーキー・平本。「ナポレオン展」でナポレオンの室内用小便器を見て「欲しいわー。これ飲むんですか？」

ロッテ・荘トレーニングコーチが身長2㍍3のミンチーをマッサージ中、苦しそうな表情で「本当にでかいなー。面積が違うよ」

横浜・福盛は投球時のクセについて「僕は分からないけど、横山は顔が弱気になると全部ストレートですよ」

キャンプ休日前の紅白戦、ファウルボールを股間に当て、担架で医務室に運ばれた西武・和田を見た東尾監督は「今季絶望だな」それを聞いた松坂が「今夜絶望です」

休日返上のマシン打撃を行った西武・大島。かごに入ったボールをマシンに入れようとしたが、半分こぼしてしまい「僕の集中力なんてこんなもんです」

阿部の父・東司さんから「よろしくお願いします」とあいさつを受けた巨人・高田2軍監督は「よろしくと言われても俺が世話することはたぶんないのになあ」

〝松坂ロード〟を使った階段ダッシュ。クタクタになった西武・石井貴の「マジ、これ誰がつくったんだ」の嘆きにデニーが「大輔だよ、大輔」

堀内チーフトレーナーにプロレス技「アイアンクロー」をかけられたヤクルト・石井一。「伊藤智なき今～、1本柱なんですからケガしたらどうするんですか～」

バント練習中に横浜・斎藤が「ボールの中のコルクまでよく見える」と言うと、遠藤投手コーチは「じゃ金庫破りができるな」

前日の練習を片頭痛のため早退した横浜・小宮山は「頭の中でゲゲゲの鬼太郎のオヤジが運動会をしている感じだったよ」

ペリカンに走り方が似ているという理由で「ペリ」とニックネームを付けられたヤクルトのドラフト1位・平本。「フラミンゴならいいですけど、ペリカン。なんか他に考えといて下さい」

日米野球で兄貴分の石井貴がボンズに一発を喫したのを見た西武・松坂。「きのうの夜から〝ボンズに打たれるところを見とけ〟と言われていたんです。逆予告ホームランですね」

試合前の練習中、生きたハチを指でつかんでナインを驚かせて回っていたオバンドーに、日本ハム・古屋チーフ打撃コーチは「やることは子供なんだから…。顔はおじいちゃんだけど」

探していた帽子がようやく見つかったロッテ・松井ブルペン捕手に吉留サブマネジャーは「あった瞬間、ハットしたでしょ」

サインのほかに四字熟語を求められたロッテ・石井浩。「うーん、五里霧中、意気消沈、暗中模索…どれがいいかなー」

何度も先輩の話に首をひねっていた巨人のドラフト４位ルーキー・根市（光星学院）は「青森で育って言葉の違いもあるから海外に来たみたいです」

報道陣用に配られた真新しい白い帽子をかぶった記者の集まりを見たヤクルト・五十嵐。「なに同じ帽子かぶってるんですか？宗教みたいですよ」

神宮球場のオーロラビジョンでヤクルト・度会が横浜時代の佐々木（マリナーズ）からヒットを打っている映像を見た宮本が「あっ、外国人投手からヒット打ってる」

試合前の投手ノックでノッカーを務めていた日本ハム・稲葉投手コーチは新谷に優しくノックして「ジジイには正面（の打球）だけ」

中日・星野監督は、五輪ソフトボールで強豪・米国を破った日本代表について「たいしたもんだ。あのショートの子の守備は孝介（福留）より上だぞ」

五輪サッカーの話題に西武・鈴木康コーチ。
「ところでボランチってなんだ?朝と昼の間に食べるやつだろ?それってブランチか…」

史上35人目の３０００塁打を達成した横浜・駒田は「また偉大な記録を達成した?下手な鉄砲も数撃ちゃ当たるってこと」

３割30本塁打に到達した日本ハム・小笠原。チームの日本人選手では自分以来と聞いた古屋チーフ打撃コーチは「俺もいい選手だったんだな」

華麗な守備で知られた現役時代を振り返っていた横浜・山下ヘッドコーチは「昔はエラーがなかったけれど、今はヘアーがない」

抑えで最多勝争いを演じているロッテ・小林雅は「万が一取ったとしても、人の勝ち星も入っているから祝福はないでしょう」

ダイエーファンで埋まった福岡ドームでロッテ・小林雅は「ヤジ?社会人時代（東京ガス）に苦情の電話を受けていたので平気です」

# 第6章　「今、僕は（アウトを）計算できるバッターですよ」

外野に行った井上から〝ノックして〟と口笛で合図された横浜・青山外野守備コーチ。「俺は犬じゃない」

小笠原の成長ぶりを聞かれた日本ハム・古屋チーフ打撃コーチ。「ひげが伸びたよね。えっ技術的なこと？う〜ん、まつげも伸びたよね」

試合前の練習中、プロ野球選手の学力について話していた日本ハム・丑山バッテリーコーチは「原田に四字熟語を聞いたら〝焼肉定食〟しか知らなかったからな」

ロッテ・石井トレーナーが「状態はどう？」と声をかけると腰痛の初芝は「もうすぐ3ケタ。あっ、体重じゃないんですか」

試合前、ダイエーの先発ラジオ攻略について聞かれた日本ハム・古屋チーフ打撃コーチは「ラジオ？テレビ？う〜ん、エンジョイ！」

雨の中でノックを受けていた和田に西武・鈴木康守備走塁コーチは「滑るなよ。滑るのは頭だけにしとけよ」

ロッテ・サブローの入籍を聞いた吉鶴は「凄い話題だね。俺も何か話題を提供しよう。吉鶴記念館設立とかね」すると横にいた酒井が「誰も来ないよ」

先発メンバーを交換したヤクルト・渡辺チーフコーチは報道陣に「先発ピッチャー？藪とオレンジだよ」。本当はレモンです。

ひげ面の記者を捕まえて横浜・山下ヘッドコーチは「伸びるのが早くていいな。俺の髪の毛もそうならないかなあ」

練習中、最近打撃不振の島田に日本ハム・古屋チーフ打撃コーチは「笑ってベンチに帰ってこい。ゲッツー打ったら世界の不幸を1人で背負ったみたいな顔しやがって」

中日の先発メンバーに大西、神野が入っているのを見た巨人・所サブマネジャーは「こりゃあ、ケンカ大会になるんじゃないか」

9月に米国留学することが決まった日本ハム・森本は「英語はこれから単語集で勉強します。久々？いえ、初めてです」

2軍で調整中の巨人・河本。抑えで失敗続きの桑田を見て「誰だって打たれることはあるよ。でもカツノリに（本塁打を）打たれたときはショックだった。野球を辞めようと思ったよ」

前日まで2試合出場機会がなかった横浜・進藤に、中日・ゴメスは「グッドライフ！エブリデー・ノープレッシャー！」

サウナ好きのヤクルト・若松監督。「俺も好きだけどトンビ（西武・東尾監督）はもっと好きだぞ。解説者時代に一緒だったけど焼き肉、サウナ、焼き肉、サウナ…って体にいいのか悪いのか分からないよな」

試合前、ロッテOBの評論家から「榎君、頑張っているか？調子いいじゃないか」と声をかけられた某選手。「ハイ！頑張ってます。でも僕、和田っていいます」

福岡ドームで先行発売される「ハローキティ・ジュースボトル」を宣伝に来たハローキティの着ぐるみに抱きつかれてうれしそうだったダイエー・王監督。「これって中身も女の子なのかな？」

打撃練習を終えて汗だくでロッカールームに急ぐ巨人・仁志。「今の目標は？」の質問に「一瞬でも早くクーラーにあたることですかね」

関心が横浜・金城の規定打席到達と打率に集まる中、山下ヘッドコーチは「打率は難しいんだよな。打点や本塁打と違って減るからね。俺の髪の毛と同じだよ」

右手甲の負傷が完治に近いヤクルト・土橋は「痛み止め？ 飲んでいないよ。もう痛みが快感になっているから…」

前日、2軍でリハビリ中の上原にカブト虫をプレゼントした巨人・宮田1、2軍投手統括コーチは「今度はクワガタが手に入ったんだよ」

サングラスにポロシャツ姿で球場に現れた横浜・権藤監督。それと気づかず係員に制止され「俺は権藤だっつーの！」

巨人・工藤とバッテリーを組むことになったヤクルト・古田は試合前「2人とも年はとっているからね。きっと打たれたらお互いに責任のなすりつけ合いでしょ」

球宴第1戦で150キロを連発したヤクルト・五十嵐。初の球宴にいまだ勝手が分からず「僕の場合、ドタバタというかジタバタしてるんですけど…」

西武・東尾監督から「たばこ買ってきて」と頼まれたダイエー・加藤広報。「僕の監督は王さんなのに…」

巨人・松井が練習中、テレビ局の新人女子アナから声をかけられました。「松坂さ～ん」

球宴初出場に緊張気味の日本ハム・建山は「いや～（ベンチの）どこに座ったらいいですか。じゃあ、あそこ。ボールボーイのところに座ります」

横浜スタジアムを訪れたプロゴルファーの深堀と横尾。バットを手にした権藤監督が打撃指導を買って出たが、尻込みする2人に「はよせんか！賞金ランキングの低い方から来い」

宮本コーチの「暑いから日陰でアップするぞ」の声に西武・和田は「えっ、ハゲ？」

横浜ベンチ裏で升永チーフトレーナーが報道陣に囲まれているのを見た山下ヘッドコーチ。「ケガ人でも出たの？俺はケガ（毛が）ないけど…」

報道陣の質問に珍しく答えていたオリックス・イチロー。仰木監督に「サービス良くなったな」と声をかけられ「僕もおじさんになりました」

前日、日本ハムに今季12敗目を喫したロッテ・立花コンディショニングディレクターは「もうハムは見たくない。女房にもしばらくハム料理はしないでくれと断ったよ」

連日のスタメン起用に燃える日本ハム・中村。「結果を残してるね」の声に「ええ、エラーという結果を…」

山下打撃コーチから散髪したばかりの頭を「プロレスの大仁田みたいになったな」と言われたロッテ・早川。「そんなチェックより打撃をチェックして下さい」

三塁コーチに巨人・長嶋監督を指名した全セ・星野監督。「壊れた信号機と言われなきゃいいけどなあ」

黒いサングラス姿で練習したヤクルト・土橋は「かっこいいだろ。俺もこれからビジュアル系を目指すよ」

フリー打撃でボールをピンポン玉のように飛ばすニエベス。ダイエー・王監督は「俺も生まれ変わったら筋力トレーニングをしよう！」

試合前にバント処理練習をしていたヤクルト・五十嵐亮に小谷投手コーチが「声出さんと分からんから、ちゃんと〝連呼〟しろよ。連呼って分かるか？レンコって女の名前と違うぞ」

試合前の練習を終えて金本の顔がプリントされたTシャツに着替えてロッカールームから姿を見せた広島・西山。「ワシはファンなんじゃ」

近鉄・ローズは試合前、真弓打撃コーチに知人から頼まれたサインをしてもらったお礼を日本語で「カタジケナイ」。真弓コーチは「お前はサムライか」

右足首を負傷しながら先発出場のヤクルト・古田。報道陣が「年を感じさせない」と感心していると、堀内チーフトレーナーが「でも、古田は年寄りがはくようなパンツをはいてますよ」

試合後、雨の中駐車場へ向かった西武・杉本投手コーチ。「何でも話すぞ。傘を差してくれた人にはな」

千葉マリン入りするなり、風速計が11《メートル》を計測したところを見たロッテ・高橋外野守備走塁コーチは「フライが上がったら９人全員に追いかけさせよう」

なかなか調子が上がらない稲葉を見たヤクルト・若松監督は「あいつはまじめすぎるんだよ。もっとちゃらんぽらんになればいいんだよ。（巨人の）元木みたいに…」

生まれたばかりの長男にジェイコブ（ＪＡＣＯＢＥ）と命名した阪神・ハンセル。「俺が今、ジャパンのＫＯＢＥに住んでるからなんだ」

普段からあまり表情を変えない日本ハム・生駒が投手ノックを軽快に受けていると、下柳が「いいぞ鉄仮面、たまには笑え」

試合前、広島・東出から「エラーばっかりです。どうしたらいいんでしょう…」と悩みを打ち明けられたヤクルトの名手・宮本は「俺だってどうしたら打てるか教えてほしいよ」

１軍に再昇格したロッテ・バリーはナインからおなかが引っ込んだと言われ「２軍だとワイフが何も食わしてくれなかったんだ」

7番・右翼でプロ入り初の偵察要員に起用された横浜・小宮山は「（ベンチ前で）素振りしてやろうと思ったけど、さすがに恥ずかしくてできなかった」

ロッテ・池田マネジャーは武藤、小野、ロバーツを神戸から帰京させ「武藤を班長にしたけど、不安だからみんなで手をつないで帰るように言っといたよ」

試合前のアップ中、花増トレーニングコーチが日本ハム・原田に「もっと声出さんか、お前は〝イチ、ニー、サン〟のサンしか聞こえないじゃないか」。原田は「サンしか言ってないです」

米国プレスに体が小さいことを聞かれた巨人・桑田は「体が小さくてもブルース・リーやジャッキー・チェンはストロングですよ」

3安打で報道陣に囲まれている稲葉の後ろからヤクルト・宮本が「連チャン、連チャン。確変だよ！」。確かに大当たりです。

内、外野の守備から代打、代走まで便利屋的存在の巨人・後藤。西武から移籍の田辺と比較して「俺が平成のコンビニなら、田辺さんは昭和のよろず屋だな」

ベンチ裏への通路を通り抜けようとした横浜・小宮山。開幕戦取材に駆けつけた報道陣に行く手を阻まれ「三ツ沢の料金所より混んでいるな」

メッツ・ピアザからサインをもらった巨人・元木のバットを預かった村田善。「黙って俺のサインを書いても分からないかなあ」と言うと、斉藤宜が「それじゃ価値が大暴落だよ」

巨人・柏田に「あれ、ハンク・アーロンだよ」と言われた高野は「プロレスラーですか?」。原ヘッドコーチは「おまえ、バカじゃないのか。ハルク・ホーガンと間違えてんだろ」

松坂をはじめ投手陣の特守が行われたが、西武・東尾監督は「特守?普通っ守だろう?」。厳しい人でしゅ。

ダイエーキャンプ恒例の朝の声出しで出番が回ってきた黒江助監督。「冥土のみやげに優勝したら胴上げしてくれ!」

初の紅白戦登板で1回を無失点に抑えたヤクルトのルーキー・花田。「緊張しました。僕の武器?落差のないカーブとキレのないスライダー。それと落ちないフォークです」

投手陣にテニスラケットでノックしている宮本投手コーチを見たヤクルト・古田。「宮本コーチ、このキャンプでだいぶテニスうまくなったのと違う?」

ダイエットのためサウナに入った日本ハム・島田通訳。しかし、体重は88キロから88・5キロに増えて「俺はスポンジか?」

差し入れの高知名産の果物ブンタンを見たダイエー・王監督。「これは養殖モノかな。いや、何て言うのかなソノ、アレだよ、アレ…」。カツオじゃありません。ハウス栽培です。

名護球場を訪れた鉄人・衣笠祥雄氏と球界談議に花を咲かせた日本ハム・大島監督。「僕はアルミニウムだったからさ」

昼過ぎ、報道陣が待つ喫茶室に少しだけ顔を出してすぐ監督室へと引き返した中日・星野監督。「今からゆっくり部屋に帰ってビデオを見る。新外国人?そうや、洋モノや」

中畑臨時コーチから「今度、麻雀でもやろう」と誘われたロッテ・初芝。「うちはメンバーいないんですよ。できる人はみ~んなトレードで出ていっちゃうんです」

投手ノックでミスをしたヤクルト・山部に高津が「はい、やり直し。第1クールからね…」

自分の指先に怪しげな茶色の汚れを見つけたダイエー・王監督はクンクンとにおいをかいで「どこでついたのかな。言っておくけど便所には行ってないからな」

この日合流した新助っ人フェルナンデスに「俺は空手８段だ!!」と自己紹介した西武・宮本トレーニングコーチ。それを聞いた東尾監督は「犬が噛みついてるみたいだな」

ヤクルトのキャンプに参加している佐藤（日体大）の球を受けた古田。「彼もシドニー五輪を目指しているんでしょ?でも、まだグアムくらいやな」

テニスラケットを使った練習をしたヤクルトのドラフト5位・花田（中大）だが、思うようにいかず「おかしいなあ、僕の母校（柳川高）はテニス強いのに…」

連日の投球練習を行った西武・松坂に杉本投手コーチ。「あんなにブルペンを長く使いやがって。追加料金取るぞ！」

キャンプ休養日の予定を報道陣から聞かれた日本ハム・大島監督。「そんなの分かんない。ひょっとしたら（名護球場の）スコアボードの上に上っているかもしれないよ」

ヤクルト・石井一は新聞の記事が巨人中心で自チームの扱いが少ないことにムッ。「次、巨人が休みなのはいつ？その時にブルペンに入るからね」

ヤクルト・若松監督は中日を7回1安打無失点に抑えた石井一に注文。「だって、4回はいきなり四球連発だろ。ダメなんだよ。石井一と山部の日は試合前に必ず胃薬を飲まなきゃ…」

ダイエー・工藤がベンチ裏の食堂にいたデーブ大久保氏に「関係者以外は立ち入り禁止だよ」。すると、デーブは「俺、きょうからダイエーの広報になったんだ」

シリーズ第1戦は貧打に泣いた中日。4打数無安打の関川を見て、星野監督は「バッターボックスを（スパイクで）よく掘っていたな。あいつはねずみ年生まれじゃないのか？」

練習後、ヘトヘトになって座りこんでいる「デカ」こと高橋智にヤクルト・海老名トレーニングコーチ。「おまえは座っていてもデカいなあ」

昨年ドラフト会議で長嶋監督に〝田村君〟と名前を間違えられた巨人ドラフト２位・谷。この日は長嶋監督の前でけん制の練習をしたが「名前も呼ばれていません。それが不安です」

プロ入り初のバント練習に挑んだ横浜・小宮山。コースの定まらないマシンに「やる気か？この野郎！ピッチャー、びびってんな！」

シリーズ第３戦を振り返った中日・星野監督は４回２死のカウント０―２から崩れた山本昌について「シーズン中なら怒っとるが、あいつには最後の日本シリーズだからな…」

すっかり肌寒くなった試合前。報道陣もグラウンド外の取材が多く、スーツ姿の記者が増えたことに、巨人・元木は「もう秋やねえ。今年は特に感じるわ。俺も来年どうなるか分からんし…」

片頭痛で欠場の横浜・駒田に代わり、一塁に入った佐伯が美技を連発。権藤監督は「普段の右翼の守備からは考えられん。急きょ、人間から動物になった」

投手最年長36歳の園川の引退セレモニーを見た野手最年長35歳のロッテ・高橋は「言っとくけど、俺はまだだぞ」

5回裏の攻撃前に流れるＹＭＣＡ用ダンスの練習をしていた田口を見た日本ハム・上田監督が「うまいやないか。打席でも、いいバッターのまねができればいいのにな」

首筋を痛めて2試合欠場中のロッテ・諸積は大阪在住の後援者に「調子はどうだい？」とたずねられると、首を押さえながら「口は達者なんですが…」

パメラ夫人が前日に帰国したロッテ・ウォーレン。「パラダイスだぜ。ウォーレンは独身です、コールを待っていますって新聞広告を出してくれよ」

熱い首位攻防戦。中日の一塁側スタンドで必勝を期した人文字が出ると知らされた巨人・桑田は「まだ見ていないけど、ＰＬの右に出る者はいないんです」

11年ぶりの左翼守備に備えて練習に精を出す巨人・川相。「華麗？いやいや、ヒラメぐらいだよ」

松坂が五輪予選で韓国へ行っているため、報道陣の数が半減。西武・デニーは「ここに残っている人たちは本当にいい記者たちだね」

振り遅れながら左翼スタンドに運んだ松井の怪力に巨人・原コーチは「子供の頃によっぽどいいもの食べてたんだろうなあ」

土曜日なのにガラガラの大阪ドームを見上げ日本ハム・上田監督は「きょうは月曜日か?」

選手だと分かってもらえず、東京ドーム関係者入り口で足止めを食ったヤクルト・河端。「五十嵐、高橋一も一緒で、五十嵐なら分かると思って前面に押し出したのにダメ。ダフ屋からもチケットを売られそうになりました」。横で聞いていた斉藤は「俺も神宮で警備員にいつも車を止められる!」

ロッテ・諸積はテレビのインタビューに答えている吉鶴の横で「彼の得意のナンバーはゴダイゴです。でも、くどく時には中西圭三を使います」

試合前、英語で取材を受けていた西武・デニーは「英語はしゃべれないと思ってた?顔だけだと思ってたでしょ」

担当記者が日に日に少なくなる試合前のベンチで日本ハム・片岡が「とうとう3人になってしもたか…。ま、お互い最後まで頑張りましょう」

スキンヘッドがトレードマークの横浜・山下ヘッドコーチ。報道陣の1人の髪形が変わったことを目ざとく見つけると「いいなあ、いろんなヘアスタイルができて…」

タクシーで球場入りしたロッテ・ボーリックは女性リポーターに「俺の前を走っていたろう」。すると同僚のウォーレンは「俺はナンバーまでチェックしてるぜ」

巨人・長嶋監督が朝、散歩中に広島城跡のお堀で亀について「知ってます?亀は鈍感だから長生きするんですよ」。ホントですか?

いつもは蒸し暑い西武ドーム内がこの日は涼しかったことに西武・須藤ヘッドコーチは「いつもはサウナだけど、きょうは軽井沢だね」

真っ黒に日焼けしている今季1軍初昇格の日本ハム・平松が「いい色してるな」と冷やかされている横で、今井が「肝臓が悪いんじゃないですか…」

試合前のフリー打撃で長嶋監督から「いい打ち方になった。テークバックが小さくなったな」と声を掛けられた巨人・広沢。報道陣に何と言われたかと聞かれ「ティーバックが小さくなったなと言われたよ」

最近、打球が右手を直撃するなど生傷が絶えないロッテ・清水。「生まれ変わったら、キャッチャーはもういいですよ。できればピッチャーをやりたいな」

中継ぎで連日ブルペン入り。体力の維持の秘けつを聞かれた西武・土肥は「よく食べて、一定の時間に寝ること。それと〝みんなのゴルフ2〟をやることです」

因縁の橘高球審を相手に快投を披露したガルベス。「判定にもクレームをつけなかったしなあ」とご満悦の巨人・長嶋監督は「それに橘高も大人になったよ」

イースタンのロッテ戦(東京ドーム)でノーヒットノーランを達成した入来祐。3月のオープン戦でも5回降雨コールドながらノーヒットを記録したが、巨人・鹿取コーチは「早すぎたし、遅すぎるよ…」

故障者続きで頭を悩ましている日本ハム・上田監督。次の遠征先が富山とあって「ケガ人みんな連れていって、富山の薬でも塗れば治るんと違うか」

不振が続くフランクリンに日本ハム・上田監督。「執行猶予があと何試合かって?本当ならもう刑に処さないかんとこや」

本塁打レースでヤクルト・ペタジーニに大差をつけられている巨人・松井。「まだ大丈夫。いざとなったらオルガ夫人を監禁するよ」

約2カ月半ぶりに1軍復帰の巨人・広沢は日焼けして顔は真っ黒。「早く夜型に」との報道陣の問いに「そうだね。あと早く色を白くしないと」

真っ黒に日焼けした立花コンディショニングディレクターに「きょう、お立ち台に上がったら俺も横に行くよ」と言われたロッテ・大塚。「そんなことをしたら俺が通訳に間違われちゃいます」

「待て」のサインを無視して放った村田善の同点3ランに、巨人・原コーチは「あいつは天才だよ。待てだぞ、待てだぞ…と思いながら打っちゃうんだから」

右脇腹痛でスタメン落ちの巨人・松井。ファンにサインを求められ「右脇腹痛とでも書いといた方がいいかな」

6月以降、ようやく納得する負け方ができるようになったと話す巨人・長嶋監督。「前は勝ち試合を落としていたからなあ。今はほら、負け試合はスパッと〝お中元です〟みたいなもんだよ」

試合前、差し入れのバナナを食べていた報道陣を見つけた巨人・長嶋監督。「う〜ん、こういう青いのはダメなんだよ。これこれ、これがいい」

3年ぶりの7連敗を喫した近鉄・伊勢ヘッドコーチはガックリとうなだれながら「このチームは転がりだしたら止まらん。土のうでも積んどかんといかんな」

試合前、西武・東尾監督はダイエー・工藤とばったり。「きのうはゆでだこみたいだったな。今度はもっと暑くしてやる。鈴木その子みたいにライトを当ててやるぞ」

代打で右前適時打を放った西武・田辺。「みんなから観光団長って言われていたんで汚名返上の一打だよ」

ロッテ・吉井打撃投手は「打撃投手のオールスターってあったら面白いのにね。コントロールを競うとか、どれだけ打たれるかを競うやつね」

ナゴヤドームを訪れた仁村徹2軍監督に「最近調子いいですね」と声をかけた中日・今中。「おまえがいなくなったからだよ」と言われて苦笑い。

オバンドーの当たりを見失いランニング本塁打にした西武・小関に須藤ヘッドコーチ。「あした練習しなくていいから眼科に行ってこい」

調子の波に乗れないチームに、日本ハム・上田監督は負け試合でよく見かける記者をつかまえて「おい、きょうは向こう（西武）のベンチに行ってくれんか」

中継ぎで活躍中の巨人・南。ナインからデカプリオという愛称で親しまれているが「実はガキデカのデカなんですよ。勘違いしないでください」。確かにディカプリオには程遠いような…。

阪神・野村監督がニヤニヤしながら博学ぶりを披露。「日本人はスケベ世界一らしいよ。テレビで言ってたわ」。何の番組を見てるのやら。

前日7勝、防御率2・04で2冠に躍り出たロッテ・黒木。「新聞、スクラップしとかんと。数日間の命かもしれませんから」

ロッテ・立花コンディショニングディレクターは試合前のフリー打撃で柵越えを連発する西武・ブロッサーを見て「あのズボン〝プレッサー〟は試合前はよく飛ばすなあ」

打率急上昇のオバンドーに日本ハム・上田監督は「これが本物かな…。いや、嘘でもいいからシーズン終わりまで嘘をつき通してほしいわ…」

試合前の練習を見学していた日本ハム本社の大社社長は「うちはおとなしい選手が多いね。吉本（興業）からでも選手を集めないかんかな…」

恒例の朝の散歩。広島城のお堀で泳ぐコイの中に亀を見つけた巨人・長嶋監督。「亀がいるぞ、亀が。（コイと）仲がいいなあ。お互いにめでたいモン同士で、ねえ」。亀はめでたいけど、コイは？

練習前、西武・松坂がブロッサーとジンターの両外国人に囲まれていると、通訳を買って出たデニーがひと言。「ヒー・イズ・スーパースター」

米大リーグ・メッツのバレンタイン監督が退場処分後も変装してベンチにいたことを聞き、日本ハム・上田監督は「それならわしもボールボーイに変装して座ったらよかったかな…」

試合前の練習で先発・ガルベスの姿を見つけた巨人・長嶋監督は「いるでしょう。首、キンキラが」

西武・須藤ヘッドコーチが松坂専属の黒岩広報に「元気でやっとるかね？」。同広報が「はい、元気にやってます」と答えると「君じゃないんだよ。（松坂）大輔のことに決まってるじゃないか」

試合前のベンチで定年の話題に日本ハム・上田監督が若い記者を見て「おまえらまだまだ先の話や思ってるやろ。人生は短い。すぐそこやぞ」

ダービーの話題で日本ハム・下柳が芝草に「何番を買うんや？」と質問。「2番」の答えに「よし、それを外して買うぞ」。信じればよかったのに…。

試合前「バットできた？」と業者に尋ねた巨人・石井浩。「来週中までに」という返事に「いいよ、いいよ急がなくて。バット使わないから」

15《メートル》前後の強風が吹いたマリン球場。試合前、ロッテ・立花コンディショニングディレクターは「石でも持っていないと飛ばされちゃうよ」

今年から独り暮らしを始めた日本ハム・黒木。今季好調の秘けつを聞かれ「野菜の千切りが手首のいいトレーニングになるんですよ」

地元の長野県松本市でのロッテ戦では大人気だった日本ハム・上田を見て橋上が「あっ、スーパースターだ。あの人気ぶりは上田か小渕首相かどっちかだね」

地元の松本で練習中から大声援を受ける日本ハム・上田。あまりの熱狂ぶりに上田監督は「これで試合に出さんかったら、詐欺罪で訴えられそうやな…」

左膝痛がいえたばかりのロッテ・平井は秋田市営八橋球場のトイレから出てくるなり、秋田県出身の小野投手コーチに「小野さんの力で和式を洋式に変えてもらって下さい」

前夜に劇的なサヨナラ弾を放った大豊をホームベース近くで待ち受け、ヘルメットを取って手荒い祝福のおぜん立てを整えた阪神・矢野。「ホンマは髪の毛も全部もぎ取ったろうと思てんけど…」。次回のチャンスを楽しみにしています。

試合前、横浜ベンチの駒田にあいさつに訪れた巨人・後藤。現状を問われ「調子もへったくれもありません。今、僕は（アウトを）計算できるバッターですよ」

ナゴヤドーム右翼席に掲げられた「燃えよ薩摩隼人、井上一樹」の横断幕を見た横浜・横山。「やっぱ尊敬する人は西郷隆盛なんスかね」

太り気味の報道陣に巨人・長嶋監督。「夜中の1時2時に焼き肉なんて最悪だぞ。でも鶏肉はいいんだ。〝ゼラ〟だからな」。ゼラチンのことでした。

ようやく連敗が止まり「これで（清めの）塩をまく必要がなくなった」と巨人・所サブマネジャー。「ここ5年間、塩代だけで4万8000円ぐらいつかっているからね。全部自腹なんだから」

自打球が股間を直撃するアクシデントにめげず前夜に決勝打を放った横浜・佐伯。「試合後は〝赤玉パンチ〟でしたが、一晩冷やして〝黒玉〟に戻りました」

開幕6連敗の頃の心境を聞かれた横浜・権藤監督。「135試合全部負けたらギネスもんだから、野球殿堂に入れてもらおうと思ってたよ」

試合前、2戦連続KO中のガルベスについて質問された巨人・鹿取投手コーチ。「問題児？鹿取、水野のこと？」。シャレになってないような…。

第2子が誕生した巨人・ガルベス。体重が4300グラムもあったという話に報道陣が驚くと「そうなのか？日本の平均はどのくらいなんだ？松井は何グラムだった？」。松井は日本の標準じゃありません。

# 第7章「13日のフライデー？」

巨人・松井がヘルメットと格闘し「何をすっとぼけてたんだろう…」。必死でかぶろうとしていたのは同僚・佐々木のもの。チームNo・1の大きさを誇る松井の頭にはちょっと…。

だんご3兄弟が大ヒットの歌手・速水けんたろうと試合前に談笑した日本ハム・上田監督。「だんごの長男になる秘けつを聞いてきたわ」。混パから抜け出すのに必死？

約1週間伸ばしたひげをそったことについて、日本ハム・ヒルマン監督は「(大敗した)きのうの試合のことを話したくないから、ひげの話題で引っ張ろうと」

先日ヤクルト・若松監督が神宮球場で怒ったファンにコーラを投げつけられたが、それに対して巨人・長嶋監督。「あそこは本当にいろいろな物が飛んでくる。ミカンもあったしピーマンもなあ…」

試合前、ブルペンでのティー打撃に巨人・元木がユニホームにネクタイをして登場。「なんたって巨人軍は紳士だから」

高橋智のフリー打撃を見ていたヤクルト・古田がしみじみと「野球も体重別にせなあかんな。こんな狭い球場（広島）やったら大きい選手は打って当たり前や」

64回目の誕生日を勝利で飾ったオリックス・仰木監督。「俺の人生は昭和とともに終わっとるんや。きょう（のヒーロー）は金田やろ」

レガースをせっせと磨いていた巨人・村田善。「もう7年もやってますから。磨きどころってのが分かるようになるんですよ」。これもプロの技？

試合前、巨人・長嶋監督から明るく声を掛けられたヤクルト・若松監督。「長嶋監督も野村監督も俺もB型なのに、俺だけこんなに神経質なんて…。Aが入ってるB型かなあ。血液型の検査をし直そうかなあ」

トレーニングルームでダンベルに汗を流した横浜・権藤監督。「シワを伸ばすためにやってるんだよ。使用前と使用後じゃ、シワが2センチぐらい違うんだよ」

髪を洗って乾かしたばかりなのか、フサフサの頭で球場入りした巨人・入来祐は「マリモみたいでしょう」。天然記念物？

試合前、茨城県に住む〝おじさん〟が訪ねてきたといわれた巨人・広沢。「おじさん？うちの母親は兄弟が9人もいるんだぞ。その子供とかいとことか…。何人いると思ってるんだ」

オープン戦初登板でＭＡＸ１３４キロしか出なかった守護神・大塚の投球に近鉄・佐々木監督。「きょうは1球を除いて全部チェンジアップだったな」

開幕３連戦での登板を報道陣に問われた巨人・入来祐。「僕は絶対ないって何度も言ってるじゃない。投げたらみなさんに叙々苑をおごります」

試合中止が決まった浜松市営球場。大勢の報道陣を引き連れ、帰りのバスに向かう西武・松坂の後ろを歩く原井は「誰か僕のコメントいりませんかあ?お安くなってまーす」

長かったキャンプが終了。帰京後は何をするかという話に巨人・広沢は「3月1日はまず40キロぐらい走って…。あと素振り１０００スイングだな」。絶対にウソです。

宮崎キャンプを訪れた巨人ＯＢの金田正一さん。ガルベスをつかまえると「ノー・アンパイア。オンリー・プレーヤーね」とファイティング・ポーズ。

報道陣など関係者でごった返す室内練習場。巨人・元木が「邪魔、邪魔」と人をかき分けて通ろうとすると、それを聞いた桑田が「ドイツだって。〝ジャーマ〟ン」。元木は「訳分からん…」

試合前のGS神戸。仰木監督から「投手を貸してほしいぐらいや」と切りだされた巨人・長嶋監督。笑顔で「そういう話は裏で…」

イチローの腹痛ダウンで欠場を聞いたオリックス・田口は「えっ、野性児イチローが?珍しい。あいつが食当たりになるくらい、米国は凄いんですよ」

初のオープン戦に先発登板するドラフト1位・小林雅(東京ガス)のブルペン投球を見たロッテ・小野投手コーチは「アイツは頭がいい。小野の次に」。続けて「抑えたら褒めてやらないと。小野の次に偉いと」

早朝の散歩後「松坂番はいつ帰るの?」と報道陣に逆取材した西武・大塚。卒業式に合わせてと聞き、「あっそう。で、大塚番は?」

右肩手術から復活を目指す巨人・河原。好調なブルペン投球に「捕手を座らせたい」と話したが、宮田投手総合コーチは「それには投手コーチのハンコがないとダメ。俺は宮崎にハンコを持ってきてないからな」。キャンプ中は立ちっ放しです。

特打中に突然、鼻血を出したダイエー・柴原は「定期的に鼻血が出るタチですが、ここんとこ来なくて心配してました。ええ、これで安心しました」

右肩痛が発覚して「肩に千代大海が乗っている」と語った巨人・松井。肩は順調に回復しており「今は舞の海ぐらいになったかな」

写真家・篠山紀信氏による雑誌のグラビア撮影を行った巨人・松井。「いい写真が撮れたかって?ちょっと〝ハミ毛〟があるけどね」

ブルペンへ移動する松坂を西武・ブロスが先頭に立って、いつものようにガード。これを見た東尾監督は「年俸の中に大輔の警備費用も含まれているんだ。少しは働いてもらわないとな。ガッハッハ…」

新外国人投手ウィッテムの投球を見た日本ハム・上田監督が「いいぞ」を連発。エエデ、じゃないんですか?「エエデとは1回も言ったことはないで。1年待っても言わんぞ」

特打でヘトヘトになった西武・大塚が移動バスに向かう途中で絶叫。「お〜し、風邪ひくぞ〜っ」。そんなに練習を休みたい?

松坂とティー打撃をしていた西武・ブロス。岡本コーチに「ボールを拾え」と言われ「それをやるのは小僧だけ。30歳以上はいいんだ」。日本の縦社会になじみ過ぎです。

走塁練習中に打球を右手首に受けてしまったヤクルト・宮本。痛みに顔をゆがめながら「流れ弾に当たりました」

練習終了後、なかなか宿舎に帰ってこなかった巨人・長嶋監督。「遅かった？ちょっと用事があって、ワンバウンドしてきました」。ワンクッションもワンバウンドもきっと、似たようなものです。

ブルペン投球の時間になっても姿を現さない石井一に、ヤクルト・小谷投手コーチは「誰か指名手配してこい！」と一喝。石井一はすぐに駆けつけました。

練習を終えた横浜・佐々木は宿舎に大急ぎ。「プロペラ機の卒業試験なんだ。夜にはパイロットになるんだよ」。プレイステーションの超人気ソフト「パイロットになろう！」をやるためでした。

キャンプ休日、ヤンバルクイナ見学について日本ハムの新人・建山は「実家で犬を飼ってますし、動物は好きですよ。ところでヤンバルクイナって動物っすよね？」。天然記念物の鳥ですよ、鳥…。

宿舎のロビーで原稿を書いている取材陣に、通りかかった西武・デニーが「お疲れサマランチ会長！」。一気に疲れが…。

室内練習場に入ろうとした時、二女のスポーツキャスター・三奈さんに声をかけられた巨人・長嶋監督。何歩か歩いた後にハッと気がついて「何か聞いた声だと思ったら…。初日からですか?しっかり取材して下さいよ」

日米野球で日本チームの開幕投手にヤクルト・石井一が決まったことを聞き、巨人・松井は「石井さんなら通用するでしょうね。ジャパニーズ版ランディ・ジョンソンになるかもしれません」

移動バスに乗ろうとした西武・伊原コーチが、間違えて羽田空港行きのバスに乗った瞬間、高木大は「今から旅行ですか?」

シリーズ中継のゲストで球場を訪れた元巨人・大久保博元氏。先発予定の斎藤隆について「いい男だなあ。俺とキャラクターがだぶってるよ。俺の若い頃を見るようだ」。え〜と…、そうですか?

報道陣の1人が取材先に上着を忘れてきてしまった。それを聞いた巨人・長嶋監督は「僕もよくやりますから、ええ」。そういえば昔、息子の一茂さんを球場に置き去りに…。

バスターが本塁打になり驚きの近鉄・的山。「こんなのは初めてです。ベンチに帰ったら〝転がさんか〟としかられました」

83年西武―巨人の日本シリーズのダイジェストビデオを手に西武・杉本投手コーチ。「記憶ってあてにならないね。よーく見たら選手に話していた（当時の）ことが全然違うんだ」

明大3、4年の時の日米大学野球でマグワイアと対戦経験のある巨人・広沢。「当時からいい打者だったけどね。まあ、俺が教えた通りにやってるよ、うん」。広沢先生？

今年で現役を引退した渡辺久信氏が西武・東尾監督にあいさつ。東尾監督は「おいナベ、秋季キャンプに入団テストを受けにこいよ」

日本ハムの打者がシーズン序盤を引っ張った本塁打王争いも混とんとした状況になり、上田監督は「最初はノンストップ特急みたいやったけど、急に各駅停車になったみたいや」

球場上空を飛び回る報道各社のヘリコプターを見上げる西武・須藤ヘッドコーチ。「なんや、空襲かいな」

ヤクルト・野村監督が試合後、アンソニーの守備を酷評。「動きが鈍いな。打球が通過してから反応しとるわ」。鈍いのは確かですが、そこまで遅くないと思いますが…。

試合前、地元の茨城・十王町から応援団が駆けつけ「がんばれ大友　きたぞ十王町」という応援ボードを見た西武・大友。「そんなことより大雨の被害は大丈夫なのかな」

日米野球のメンバーに選ばれた巨人・松井だが、正午過ぎから予定されていた会見を「忘れていて食事に出掛けて」欠席。その後、球場でのやり直し会見を終えるとテレビカメラに向かって「すっぽかしてゴメンナサイ！」

丸刈りになって3日目。巨人・長嶋監督はあらためて「気分いいよ。特に頭を洗う時にいいんだ」

鼻の下とあごに不精ヒゲを生やしながらも、なぜかホオとノドにはきれいにカミソリを当てている横浜・井上。「だって、ここをそらないと〝なすび〟そっくりになっちゃうんだもん」

西武・須藤ヘッドコーチは逆転優勝への条件について「まず投手が頑張る。そして打者も元気よくやる。最後にヘッドコーチはじっとしているのが一番だな」

早起きして甲子園の開会式を見に行った西武・鈴木守備走塁コーチ。「久々に鳥肌が立ったよ。ジャニーズJrへの声援にな」

西武・和田は早出特打ちに汗ダクダク。「顔が蛇口みたいですよ」

試合前の東京ドーム。阪神・福本打撃コーチが苦笑交じりに「ミスターに2日続けて〝頑張ってよ〟って励まされたわ」。聞いているだけで寂しくなります。

フランコの下ろし立てのグラブを借りてエラーを連発、ナインから失笑を買ったロッテ・長池ヘッドコーチは「このグラブ、バネが入っとるで～」

練習中、ベンチの天井に頭をぶつけた記者を見て巨人・長嶋監督は「おいおい、大丈夫？」と天井の方をナデナデ。

7月に入ってから一度しか登板のない近鉄の守護神・大塚。仕事がないねと言われると「アルバイトしようかなあ…」

試合前、グラウンドを訪れたロックグループ・ハウンドドッグの大友康平と顔を合わせた巨人・長嶋監督。「大友さん？ハイ、知ってますよ。ロカビリアンでしょ」。なんか間違ってるような…。

襲名後、なかなか爆発しない「ビッグバン打線」に、日本ハム・上田監督は「ウチの打線より政治の方が先にバンといったわ」

長髪をなびかせ、トレーニングの指導にあたるロッテ・立花コンディショニングディレクター。「サムソン・リーが帰って来るまでは、この頭で頑張りますワ」

リベンジ成功の今季24セーブ目から一夜明け、横浜・佐々木は右目の下にできた赤いはん点を指さし「起きたらできてたんだよ。ダニかなあ。…きっとメスダニだな！」

打線につながりが出ての快勝にヤクルト・野村監督が「ヒットが出るか出ないか。大きな宿便がやっと出た。ピンクの小粒、コーラックや」。臭い打線？

試合前、久しぶりに会ったベテラン記者から「バランスがいいねえ」と声をかけられた横浜・権藤監督は「私の采配が、ですか？」

熱狂的なサッカーファンで知られるロッテ・小宮山。試合が雨天中止となり、心は日本代表が初戦を迎えるフランスへ。「家で正座しながら待ってます」

母校の亜大が全日本大学選手権で8強入りした日本ハム・古屋内野守備コーチ。「お祝い?ウチは女房の許可なしで出せるのは3千円までなんだ」

札幌では登板予定のない広島・佐々岡が遠征同行。周囲の疑惑の目に「野球は団体競技。団体行動をしないとね」と苦しい言い訳。三村監督は黒田通訳に「きょうの夜は1時間おきに佐々岡の部屋に電話してくれ」

大魔神・佐々木を打った阪神・矢野輝と親友の中日・山崎は「信じられない話。どう考えてもおかしい。だから矢野の留守電に雪が降ると入れておいた」

試合前のベンチ。西武・松井が報道陣に「きのう、すけこましってヤジられちゃいましたよ」と頭をかいていると、その背後から東尾監督が「だって本当のことだからしようがないよな」

この日が24歳の誕生日だった西武・大友は「ケーキでお祝い?いえいえ、朝は納豆を食って祝ってきました」。さすが茨城出身です。

ストレッチ中、巨人ナインのフリー打撃練習の打球が胸部に当たった横浜・鈴木尚。痛みをこらえ、開口一番「ダメです!右乳首打撲で登録抹消です」。ホントにジャスト乳首だったそうです。

大乱調の戸叶について聞かれた横浜・谷繁。「皆さんの見た通りです。僕の頭じゃどうにもなりません。でも、待ってます…」

試合前の巨人ベンチ。堀内ヘッドコーチが打率・143の杉山を見つけ「おい、いつまで目黒区の郵便番号（150番台）をうろついているんだ」

ヤクルトのキャンプ地、宮崎・西都市がファンサービスとして名物のピーマンを配布。敗戦チームの将にはそのピーマンが投げられると聞かされた巨人・長嶋監督は「ピーマンくらいじゃ痛くないよ。リンゴなら痛いけどな」

日本ハム・大宮打撃コーチからティー打撃連続10本を命じられたブルックス。1セット終えたところでボールの数を数えだし「12個あるじゃないか！」

試合前、デニーとブロスがじゃれ合って相撲を取っていると西武・須藤ヘッドが一言。「おまえら、そんな元気があるなら、試合でちゃんと力を出してくれ」

看板直撃弾を連発するウィルソンの打撃練習を見て、日本ハム・上田監督がポツリ。「ホンマ、あいつのホームランは品がないわあ」

貧打線に頭が痛い西武・須藤ヘッドコーチ。「しかし、うちの打線は点に絡まないなあ。俺は酒を飲んだらよく絡むのに…」

練習中に飲むポット入りのスポーツドリンクがなくなり、担当記者に補充を頼んだ横浜・佐伯。「あっ、でもツバは入れるなよ。尽誠学園ちゃうんやから」。それはつまり…。

阪神・湯舟が左足首を骨折していたと聞いた近鉄・伊勢ヘッドコーチ。「ジャコ食うとらんかったんかいな」

甲子園の三塁側、ヤクルトベンチ裏から何やら妙な歌声が。「どんぐりころころ、どんぶりこ…」。歌声の主は何とホージー。どこで覚えたの？

横浜・秋元がイチローのスイングをものまね。石井琢は「誰それ。坪井？」。そこで佐伯が「あっ、分かった。郡山（高校野球）の1番バッターやろ」

西武・後藤広報は石井貴のインタビューを前に「お待たせしました。まもなくミスターボークが来ますのでよろしくお願いします」

新助っ人・ムートンを先発メンバーから外したヤクルト・野村監督。「ムートンは打席で何も考えとらん。ノーシンキング会の一員やな」。会員には小早川、度会らが名を連ねているとか…。

試合前のベンチ裏。松井の姿を見つけた巨人・広沢は「あのさあ、おまえのバットケースを見たんだけど、あんまりいいのがなかったなあ」

紅白戦前のフリー打撃。日本ハム・西浦がバックスクリーン直撃の1発の後、ど真ん中を見逃した姿を見て上田監督が「前の打球に見とれてたんちゃうかー」

キャンプでチェンジアップを習得中の西武・石井貴。どこかぎごちない投球フォームに杉本投手コーチは「顔がチェンジアップしてるぞ！」

少し寂しい前頭部をナインから冷やかされている西武・ラービー。離れ小島のような部分を指さし「でも、ここがワイフのお気に入りなのさ」

雨で紅白戦が中止、早々と球場を引き揚げるダイエー・王監督は「みんなネタが切れずにいいね。今度、生まれ変わったら僕も宗旨がえするよ」と来世は新聞記者宣言。

中日・星野監督はオープン戦初の零敗に「(千葉から）所沢まで遠いので早く終わろうという前向きな気持ちで攻撃しとったな」

太鼓あり、トランペットありの日本式応援を初めて体験した日本ハム・シュールストロム。「最初から最後までよく続くね。スタミナがある。カーニバルみたいだよ」

試合後、阪神・平尾に話しかけた西武・松井。「同期なんですよ。髪も茶髪？そうですね。でも、あいつの茶髪の方がダイナミックですから」。ダイナミックな茶髪とは？

強風吹き荒れる中、球場入りした日本ハム・上田監督は「きょうは朝飯食ってないやつは飛ぶでー」

右肘検査で帰京していたオリックス・木田。東京でタレント・明石家さんまに電話し「イチローはどう？」と聞かれ「イチローがボケてくれたらツッコミを入れますけど」

キャッチボール開始を前に、ヤクルト・池山が「きょうもケガなく、頑張りましょう」と掛け声。それを聞いた古田が、松井チーフコーチを見ながら「毛が無く？それはヤバいんちゃうか」

坂道ダッシュ10本のメニューをこなす巨人投手陣。本数を数えていた小野が「あと2本です」と言うと、周囲から一斉に「ラストだろ？どうしてラストって言わないんだ!!」

休日の前夜、高知の飲み屋に繰り出した西武・ブロスは「ヤクルトの時は飲んでる途中でみんなどこかに消えちゃったけど、西武はみんな残っててくれた。なんていいチームなんだ」

紅白戦で打球で打撲を負った日本ハム・黒木と今井。エラーを連発していただけに、上田監督は「あれは野球の神様のおきゅうです。ちょっと熱い方が本人のためでしょう」

クラシックのＢＧＭを聞きながら守備練習を見守ったヤクルト・野村監督。「ほれ、見てみい。右脳にいい音楽を聞くと、ミスがないやないか」。ＢＧＭを日本の歌謡曲からクラシックに替えて上機嫌ですが、エラーなしは少々大げさです。

朝の散歩中に古賀ヘッドコーチにプレゼントを手渡した若い女性に、ダイエー・王監督が「君、サクラじゃないの？」

宿舎のロビーで資料をホッチキスでとめていた日本ハム・大宮打撃コーチ。途中で針がなくなり、フロントに「あ、弾切れだ。弾ある？ピストルの」

ロッテ・小宮山は同じ敷地内で練習する水野らパドレス投手陣が長時間にわたり、外野を走らされている光景を見て「水野は死ぬほど走らされているの？指導者はカネやん？」

お笑いグループのＴＩＭが神宮を訪問。「ウィアー、ジャパニーズ、コメディアン」と紹介されたヤクルト・ラミレスは日本語で「知りません」

「とことんやれ」の監督命令で茶髪から金髪に染め直した広島・若林を見て、三村監督が追い打ち。「そこまでやったら、今度は英語を話すぐらいしてほしいな…」

長野五輪の開会式をライブで見ることが出来なかった巨人・長嶋監督。「ねえ、良かったらしいですね。閉会式」。まだ始まったばかりなのに…。

新助っ人右腕・エーカーの連係守備がぎごちないことを指摘されたヤクルト・野村監督。「あれでもブロス（西武）よりはマシやろ。ブロスはけん制も敬遠もできなかったんやからな。よく3年間も他のチームにバレずに済んだわ」

報道陣に桑田の症状を聞かれた巨人・長嶋監督。「きのう一緒に鍋を包みました」。鍋に舌鼓と言いたかったんでしょうが…。

「今年のキャンプは地味でつまらない、という声がありますが?」の質問に、巨人・長嶋監督は「ホーッ、それはお目が高い。そういうキャンプをやってるんです。まさにプロのファンの意見ですね」

野村監督直伝のヤクルト・古田のささやき戦術について、西武・松井稼は「古田さんはあまり。しゃべるといえば城島。何でそんなにしゃべることがあるのというぐらいしゃべるんです」

ヘルメットを探していた巨人・広沢は「僕の小さいヘルメットはどこかなあ」。ヘルメットのサイズは一番大きな「XO」です。

試合前、ベンチ裏に並べられていたスイカをパクついた広島・横山は種を器用に吐き出して「これで黒星(種)を吐きだしたことになるでしょ」

復活した桑田は賞を取れるか?の問いに巨人・長嶋監督は「ああ、リバイバル賞ですね」。カムバック賞です。

サブグラウンドでの練習を終え、汗だくで戻って来た日本ハム・下柳が「死にそう……」と一言。すると、ベンチの隅から「死にそう言うてホンマに死んだヤツおらんからな。本当に死ぬ時は黙って死による」と上田監督。ごもっともです。

試合前から熱気ムンムンの広島市民球場。ヤクルト・野村監督はスタンドをグルリと見渡し「この時期にこれだけ満員になるんやから、ワシも人の役に立っとるっちゅうこっちゃ」

2回、左中間に先制16号2ランを放った阪神・新庄。「絵日記に描いてもらえるようなホームランを、もっとたくさん打ちたいですね」

試合前のベンチ裏、横浜・鈴木尚が「今、すごく悩んでいる」と深刻そう。心配した周囲が訳を聞いてみると「うどんを食べるか食べないか、すごく悩んでいる」

試合前の練習で、グラブを隠されるイタズラにあった巨人・福王。「誰だよホントに。でも、こういう事するのって、大抵頭が悪いヤツなんだよな！」。さて犯人は？

大阪市が２００８年五輪の立候補地に決まったことを伝え聞いたオリックス・イチローは「もう少し足が速ければ、陸上で出ようかな」。いくらスーパーマンでもそれはちょっと…。

巨人・長嶋監督は、ダイエー・王監督がかつて英会話を習ったことを思い出し「僕も昔、やったよ。アイ・ハブ・ア・ペンとかアイ・アム・ア・トムとか。バカなことばかり言ってちゃいけないいな」

新しいバットを手に取った横浜・セルビーは「コンペキデス」とニッコリ。紺碧（ぺき）？「ハイ、コンペキデス」。分かった、「完璧」ですね。

左投手不足に頭の痛い西武・東尾監督は「どこかにいい左はいないのか」とボヤくことしきり。「トレードはもう出来ない？じゃあ移籍じゃなくて、右から左への移植でもいいんだけど」

宿舎のレストランで昼食のオムライスを注文した阪神・星野監督。しかし、みそ汁が出てこず「ここの厨（ちゅう）房は巨人ファンか？」

ジャンケンで横浜・小山バッテリーコーチがチョキで勝利。「俺がグーしか出せないと思ったんだろう」。風ぼうがドラえもんに似ているんです。

西武・土井総合コーチはなかなか自主性が出てこない選手を嘆き「俺なんか名前をローマ字で書くとDOIだろ。逆にすればI DO。〝私はやる〟って意味になるんだ」

札幌・円山球場には各ベンチ裏にトイレが一つしかなく「トイレがなあ……」とボヤく巨人・槙原に、元木は「じゃあ、紙コップで作りましょうか？」。検尿ですか。

高知・春野球場から宿舎まで自転車で帰る西武・杉山は「このまま高知競輪に行っちゃおうかな」

走塁練習でぐったりしていた中村を見た横浜・辻守備走塁コーチ。励ましの言葉をかけた後、小声で「年寄りの尻を叩くのも苦労するよ」

西武・松井の金髪について激論。オリックス・イチローの「色は変えないの?」という質問に、松井は「変えますよ。夏はサッパリ系、そして秋には秋の色にします」。高木大は「いちょうみたいだね」

練習用のヘルメットに貼っていたプリクラのシールがいっぱいになってしまったヤクルト・ホージーは「今度はどこになるのかって?僕の頭さ」

日本ハム・渡辺打撃コーチが球場の「Ｂｏｔｃｈａｎ」の文字を見て「ここは…ばあちゃんスタジアムだっけ?」。孫世代の〝坊っちゃん〟スタジアムです。

阪神・シークリストは米国ユタ州出身。冬は気温が氷点下。日本の蒸し暑さは初体験だが「マイナス8度でプレーすると思えば、38度の方が楽だろう」

宿舎から芦屋神社まで散歩した巨人・長嶋監督はトレーニングパンツまで汗でぐっしょり。「〝お漏らし〟したみたいだな。みっともない」と苦笑い。

久々の12号ソロに巨人・広沢は「〝アメリカのお母さん〟って感じかな」。マアマアという意味らしいですが、同じギャグを何度も聞くと…。

ヤクルト・野村監督の誕生日と知ったブロスは「監督、おめでとう。いくつですか？40歳ですか？」「48歳や」「いいですね」。ノムさんも思わず「ワシにゴマをするのはあいつだけやな」

出る投手がことごとく打たれる中日。「重症ですね」との声に星野監督は「最初から重症だ」

57歳のダイエー・王監督は東北遠征から試合前にランニング。すでに4日も続いているが「足が重いんだ。でも、勝ち続けているからやめるわけにはいかない」

仙台宮城球場で突然便意をもよおした西武・ロバート。球場中を探し回るも、和式の便器しか発見できず「俺は日本が好きだが、このスタイルだけは好きじゃない」。その後どう処理したのかは不明です。

広島戦に先発予定だった阪神・竹内は中止の報に「1敗しなくて済んだ」

米大物俳優のロバート・ミッチャム氏が死去したニュースが東京ドームの電光掲示板に流れると、ヤクルト・野村監督は絶句。「ワシは若い頃、よくミッチャムに似とると言われてな。いつも眠そうな顔をしとるところが似とるそうや」

台風8号の接近について試合前、横浜・大矢監督は「のぞみで来るのかな?」。そ、そんな速さで来たら大変です。

左肩手術から復活した石井一の8回零封も、ヤクルト・野村監督は「満足、安心という言葉はワシの辞書にはないよ」。さすが慎重派のＩＤ監督。

報道陣から「13日の金曜日ですが」と水を向けられた巨人・長嶋監督。「13日のフライデー?西洋人は不吉というけど、われわれジャポンは関係ないでしょ」

試合前の練習を終え、巨人・長嶋監督が難しい顔でポツリ。「さあ、うどんかソバか……。きのうはうどんでかまされた（試合に負けた）から、きょうはやっぱりソバにするかな」

福岡空港で金属探知機に引っかかった巨人・松井は、女性係員から検査を受けたが「検査はいいんだけど、俺のアソコばっかり触るんだもん」

ファンからプレゼントされたたまごっちを大切に育てていた横浜・佐々木。「シーズンに入るとなかなか難しくて。ベビーシッターが最近おやつをあげすぎるんだ」。シッターは川島通訳だそうです。

1点を守り切って阪神に勝ったヤクルト・水谷守備走塁コーチ。「これがホンマの虎の子の1点やなあ。それにしても大きい子やった」

先日発表された長者番付で山本昌がプロスポーツ部門の17位に入ったことを知った中日・星野監督は「長者番付のランクばっかり上にいきやがって…。防御率の順位は下の方なのに」

ミラールームでバットを探していた日本ハム・田中幸は「しかし、しかし…」。ＢＵＴ、ですか。

新外国人ラービーに西武・須藤ヘッドコーチは「ベリーグッド！」を連発。「サンキュー」と答えるラービーに今度は日本語で「お世辞や、お世辞」

# 第8章「シーサイドのアニマルですからねえ」

ヤクルト・稲葉は女性記者の携帯電話にぶら下がるキティちゃんのストラップを見つけ「あっ、僕のと同じ！」。今流行の〝キティラー〟だったとは！

左肩甲骨骨折のため日本シリーズを無念の欠場となったヤクルト・飯田は練習の手伝い。黙々と球拾いを行ったが、小声で「バントだけならできるんだけどなあ」。飯田さんなら本当にできそうです。

報道陣でごった返すベンチに、食傷気味の西武・佐々木は「田舎育ちの俺には体に毒や」

吉井、川崎と先発の柱が肩の張りを訴えて抹消中のヤクルト。野村監督は「ワシも六十肩で腕が上がらんわ。はやりの〝違和感〟ってやつや」。もちろん、イヤミです。

風邪で練習を休んだ金本に、広島・三村監督は「飛ばし過ぎだったから、神様が制止させたんだよ。ドクターストップならぬゴッドストップだよ」

ポジション争いについて聞かれた中日・星野監督は「ショートは久慈」と宣言。色めき立つ報道陣に「さっき社長が〝ショートはクジで決めよう〟と言っていたからな」

同じ石井姓の高卒ルーキー・石井義が１軍昇格し、ニコニコ顔で兄貴風を吹かせる横浜・石井琢。誰かに会うたびに石井義を紹介し「僕のブラザーです。ほら、頭下げろ！」

背筋痛でスタメンから外れたキャリオンについて、ロッテ・近藤監督は「本人がゲームに出られる状態じゃないと言うんだ。試合前はピンポンを楽しそうにやっているんだけどね」

練習前、巨人ベンチ裏に顔を出したヤクルト・ホージーがキョロキョロ。「松井を探してる？そんなんじゃないよ。ファイヤー・ガールを探してるんだ。新しい踊りを教えてあげなくちゃと思ってね」

試合前の打撃練習。巨人の内田打撃コーチは、ここのところ不調の松井の顔を見て「きょうはいい笑顔だ。焼き肉のＣＭみたいだよ」

西武投手陣と談笑していた野球解説者でＯＢの大塚光二氏を見て、石井貴が「選手も解説者を選んでいいんだからね」

自慢の金髪が、夏の太陽に映える西武・松井。「ロッドマンみたいにしたら？」の外野の声に「いやあ、人間、なかなかそこまで思い切れないもんスよ」。今でも十分、思い切ってるようにも見えます。

先発・横田の乱調に、ご機嫌の悪い西武・森繁投手コーチ。「横田?そんなヤツ、投げてたっけ?」

巨人・長嶋監督が広島市民球場のオーロラビジョンにびっくり仰天。映し出されたメッセージは「二岡（近大）は広島のドラフト1位。長嶋さん、お手柔らかに」

部屋に外国人幽霊が出現したというロッテ・諸積。その後、幽霊は出なくなったが「実はCDが急に止まったりするんです。今度は超常現象ですよ」

練習中に始まった「モテるかモテないか議論」に、日本ハム・広瀬は「俺はダメだよ。女の子が相手にしてくれる訳ないじゃん。だって俺が女だったら嫌だもん!」。そんな自信たっぷりに…。

これまでどんな大事件にも「全然知りませんでした」と無関心だった阪神・新庄。イタリアの有名デザイナー、ベルサーチ氏が射殺されると「けさ知りました。犯人はどうなったんですか?」

巨人・所サブマネジャーは横浜打線を1番から順番に指でなぞって「3割、3割、3割、3割、3割……」。強力打線がうらやましい?

試合前、テレビカメラを向けられる日本ハム・上田監督にウィルソンが「アー・ユー・ムービースター？」「せや、ワシャ、銀幕のヒーローや」

一時は胃かいようとなった巨人・篠塚打撃コーチ。渡辺オーナーの「俺は巨人敗北性胃かいようだ」との発言に「仲間が増えたね。僕はもう治りかけてるけど…」

先発予定のロッテ戦が雨で流れた日本ハム・岩本。神戸ではフル回転となりますが、と聞かれると「僕はいつでもフル回転。何でもフル回転！きょうの夜もフル回転‼」

横浜・大矢監督は帯広での試合について「帯広には行ったことがないんですよ。きのう、必死に地図で場所を探しました」

試合前練習で星野の背番号28のユニホームを着ていたオリックス・前田打撃投手。「（３回途中ＫＯされた）きのうの試合を反省をしているようにアピールするために、星野から着てくれと頼まれたんだ」。反省の〝影武者〟！

帽子、グラブが妙に臭いとチーム内で有名な日本ハム・金子。「何言ってるんですか。僕の体臭はジャスミンの香りといわれてるんですから。まあ、帽子は2カ月洗ってないですけどね」。洗えよ！

独自の血液型論を持つヤクルト・野村監督。「巨人の柳沢っちゅうのは大体分かってきた。あいつの血液型は、たぶんBやと思う」と分析。まさに言葉通りB型。ノムさんの眼力はさすがです。

3連勝で少し機嫌がいいヤクルト・野村監督。優勝ラインを聞かれ「ワシャ、数字は信用せん。今までも胴上げされながら、〝ひょっとして1勝足らんのじゃないか〟と疑っていたぐらいや」

ヤクルト・石井一が投内連係の練習を終えて「最近、僕は目立たないでしょう？　だってサイン間違いしてないもん」

バント練習中、自打球が顔面に直撃した広島・前田智。「大丈夫。一番当たってもいいところに当たりましたから」

内野手のノックを見ていた横浜・大矢監督が突然「あっ、スワッピングしたんだ…」。よく見れば、最初遊撃を守っていた万永が二塁へ、二塁の川端が遊撃へ。ドキドキしました。

近鉄・上山オーナーがサイパンキャンプを視察に訪れて「優勝したら逆立ちをしましょう。逆立ちをしたまま歌う」と珍公約。佐々木監督は「俺が足を持つ！」

守備練習で打球を急所に受けた横浜・田辺。
「下から来た。直下型だ」

急きょ1軍登録の近鉄・松久保が行方不明。居場所を察知した広瀬2軍マネジャーが某所に連絡を取った。藤井寺市内のパチンコ店では軍艦マーチとともに店内に呼び出しが流れ、松久保は「まったくお恥ずかしい限りで…」

ヤクルトのルーキーたちが野村監督のミーティングを必死にメモ。度会は「大学ではノートをとっていないから、こんなに書いたのは何年ぶりだろう…」

西武・東尾監督は開幕1軍の投手11人について聞かれ「難しくて頭が痛いだろうな。でも、胃腸薬を飲めば治るくらいの痛さ。二日酔い程度だよ」。分かるような分からないような…。

韓国マスコミから「監督は非常に怖いとの評判ですが」と突っ込まれた中日・星野監督。一瞬表情が硬くなったが、すぐに笑顔。「こんな優しい男を、なんて言うんだ。それは間違った情報だぞ」

キャンプ地を訪れた日系人の少女を見て、ロッテ・堀は「こんな年でも英語をしゃべるんだなあ、うらやましい」

以前、川辺を「ワラベ」と言って堀内コーチを絶句させた巨人・長嶋監督。今度は肘の手術をした出口のキャッチボールを見ながら「もう全然いいじゃないか。オイ、出船」

新庄の途中交代で、移籍後初の守備についた阪神・本西。9回はいい当たりが二ゴロとなり「あれが抜けないのが僕の人生なんです」

巨人・長嶋監督が「おい、マナブ、マナブ。何やってんだ?早くノックやるぞ」。呼ばれたのは鈴木望（ノゾム）選手でした。

巨人・長嶋監督は怪人右腕・ガルベスのオープン戦初登板に「ミーも初めてのメジャーだったら緊張しますよ。ナーバスだったんでしょう」

巨人・長嶋監督が若手内野陣の出口について「出口の走塁はエレガンスを感じます」

2年目の中日・荒木が熊本工の大先輩・川上哲治氏から声を掛けられるまで気がつかなかったことを猛省。「自分からあいさつに行かないとダメなのに、すごく失礼なことをしました。もう一度、あいさつに行ってきます」

某テレビ局のナイター中継番組用の宣伝スチール写真撮りをＳＭＡＰの木村拓哉、中居正広と行った長嶋監督。「いやあ〜、木村タクロウくんは野球をよく知っていますね」

ロッテ・伊良部のニックネーム「クラゲ」の由来を聞く巨人・長嶋監督。「ああ、そうなんですか。大沢さんがつけたんですか。シーサイドのアニマルですからねえ」

宮崎キャンプの２月20日、満60歳の誕生日を迎えた巨人・長嶋監督。「私も生まれて初めて還暦を迎え、チームとともに生まれ変わった気持ちで頑張ります」

ブルペンで谷口の投球を見た巨人・長嶋監督は「ブルペンに行く楽しみが増えました。谷口が見違えたね。２、３キロ太ったしねえ」

中日打線の打者３人を完全に抑えてセーブを挙げた横浜・佐々木。伝家の宝刀・フォーク温存に「投げたかったんだけど（ボールを指に）挟んでる暇がなかったんですよ」

天敵のロッテ・榎を攻略した西武打線だが、谷沢打撃コーチは「エノキの次はシイタケとか出てきそうだな」

西武に完敗を喫した近鉄・米田投手コーチは黒ずくめの服装を反省して「これからは白い服しか着ないぞ」

試合開始を遅らせる雷雨に、ロッテ・松沼投手コーチは「(先発の) 黒木に1度肩を作らせてから、また開始が延びてもなあ。伊良部は慣れてるけど」。伊良部はチーム内で「レインマン」と呼ばれる脅威の雨男。

〝レインマン〟伊良部の先発日はなぜか雨。「どうして雨になるかって?それは俺だけにしか分からない」。知ってるの?

強化運動に水泳を取り入れた横浜・近藤監督は「俺、小学3年の時、橋の上から川に放り込まれて泳げるようになったんだ」。ワイルドですね。

3イニングともに2死走者なしから得点されたロッテ・尾花投手コーチは「口が酸っぱくなるほど言っているんだけど。もう俺の口は酸化してる」

打撃好調の中日・ホールは「ゴルフやバスケットボール、アメフトでも俺は天才なんだ」と豪語。それを聞きつけた高木監督は「口が天才なんや」

今季初めてロッテ・伊良部と対戦するオリックス・仰木監督は試合前、イラブクラゲ人形とご対面。「可愛いね。マウンドでもこれぐらい可愛いと良いんだけど」

小宮山とは和解したものの、フランコの背番号問題に頭が痛いロッテ・広岡GM。「14ダッシュでどうかと思ったんだけど、連盟に断られたんだ。いい番号なんだけどなあ」

ヤクルト・角打撃コーチは飯田の打撃指導について話をしながら「あいつはサルだからな。本能のままだ」。フェンスを駆け上がって捕球する曲芸はまさにサル!?

連日、後輩・万永を可愛がっている横浜のベテラン・高橋。前日はシューズのひもをフェンスに結ぶいたずらを仕掛けたが「きょうは万永が友達を連れて仕返しに来た。ほら、朝いっぱい来てたでしょ?」。確かにいました。小さな園児がい～っぱい…。

その万永は「これはイジメや、イジメ!もうっ、子供電話相談室に電話したる!」。万永はチーム一のチビッ子かつ人気者。

中日・大豊が試合前、一本足打法の元祖・王貞治氏から打撃をアドバイスされて大感激。「アドバイスの内容?興奮して忘れちゃったよ」

広島・三村監督は、解説者の達川光男氏に横浜のドラフト1位ルーキー・細見の出身大学を質問し、同志社を聞き間違えて「え、ロシア?」

新監督として春季キャンプのスタートを切った横浜・大矢監督。前夜からドキドキしていたのでは?「寝てる間はドキドキしてないよ。それじゃあ、不整脈だって」

近鉄・佐々木監督がキャンプで放送席に入り「ただ今から荒井と鈴木、通称クマの特守が行われます。エ～、アライとクマでアライグマ。どうぞ、ご声援を!」

スタンドの阪神ファンから「頑張って、巨人倒してや」と声をかけられたヤクルト・野村監督。「その前に阪神に勝ってからな」

テレビカメラに囲まれていたヤクルト・野村監督。古田のキャッチボール開始とともにカメラは移動。「なんだ、俺は(古田の)ついでか」

試合前、オマリーとスキンシップのヤクルト・野村監督。日米両国語を交えての会話について「ワシの英語も通じるなあと思ったが、よう考えたら通じたのは全部日本語の部分やったな」

野茂譲りのトルネード投法へフォーム改造中の品田をブルペンで見た近鉄・佐々木監督。「トルネードなんておこがましい。あれはレモネードぐらいや」

オリックスで臨時コーチを務めたブーマー。２１０安打を放ったイチローの活躍はニュースで知っており「自分が4番を打っていたら、彼のおかげで２００打点は挙げられた」

目を細めてイチローの打撃練習を見守るオリックス・中西ヘッドコーチ。「ほんま、いいバッティングしとるわ。ワシが教えられるのは門限破りのやり方ぐらいやな」

森・西武前監督はヤクルト・カツノリからあいさつされて「親父より、いい顔をしておる」

試合前の練習で西の空が暗くなり、ヤクルト・野村監督は「雨が降るかもな。なにしろ1年ぶりに洗車したからな。白い塗装が黄色くなって、スタンドの従業員も驚いていた。ワシもカミサンも気にせんのや」

試合前、報道陣から贈られたバースデーケーキにはしゃぐ松井の横を通り過ぎた巨人・土井コーチ。「松ちゃん、土井ちゃんは今月28日（55歳）だよ」と自らの誕生日をアピールしたが、松井の返事は「ああ、そうですか」

軽い夏バテで「暑いのは弱いんかい」とダイエー・村田コーチに言われた達川コーチは「30歳過ぎてレギュラー取った男ですけん。それまで、暑い盛りに涼しいブルペンに座りっ放しでしたけんのう」

フリー打撃で前田の荒れ球を打った西武・大塚。何度も胸元をえぐられて「体にもぶつかりませんでしたが、バットにも当たりませんでした」

巨人が新外国人を獲得すると聞いた横浜・大矢監督は「何人目？6人目？1チームできちゃうんじゃないの」

ブルペンで70球を投げたダイエー・高木。王監督に「俺と勝負だ！」と乗せられたが「勝負する前に降参します」

試合前、ニンニクのにおいをプンプンさせてピッチングする巨人・木田に、堀内投手コーチは「体力ないくせに栄養ばっかりつけやがって」

新聞の「マッキントッシュ〝剣術打法〟」の見出しを見た日本ハム・上田監督は「〝マケントッシ〟でどうや？漢字で書くと〝魔剣突刺〟でエエで」。暴走族の刺繍のような…。

オリックス・中西ヘッドコーチはキャンプの休養日の予定を聞かれて「あしたの予定？そんなの分からないよ。私も今年で62歳になる。あしたの朝にはいなくなってるかもしれないからな」

海岸トレの近鉄・カズ山本は「なんで海岸かって？そりゃ、打撃開眼だよ」

DHに回った駒田の代わりに一塁守備についた横浜・佐伯。「一塁はピッチャーと話ができるから孤独感を感じなくていいね。外野は守ってると寂しいんだもん」

日本ハム・上田監督が、右すね故障を抱えるダイエー・松永を気遣い「大丈夫か？あまり無理せん方がいいぞ」。すると松永は「昔（阪急時代）は〝ケガが何だ！〟だったのに、チームが代わると言うことも変わるんですか？」

ロッテ・バレンタイン監督は、登板した6投手の感想を聞かれ「ヒルマンはすごく良かった！」。ほかの選手は？と報道陣に聞かれると「ヒルマンはすごく良かった！」。察することにします。

守備で2度のミスを犯した日本ハム・井出に届けられたホームラン賞の金一封を見て、上田監督は「ワシやったら返上するな」

オリックス・近藤営業部長が、祝賀会用の〝持ち越しビール〟に触れて「このままだと熟成されてお酒がうまくなるかも」

アリゾナ在住の日本人チビッ子たちに「名前なんていうの?」と聞かれたロッテ・島田は「宅麻伸!」

一般人に交じってスピードガンコンテストに出場した西武・松井稼が１４５キロをマーク。森投手コーチは「おい、松井。早くブルペン行って来い!」。投手転向指令?

スポーツ、芸能界から政界進出が流行る昨今、監督もどうですか?の問いかけに、ヤクルト・野村監督は「ワシャ、あかん。ウソがつけない性格やしな。森(前西武監督)?おー、あいつなら十分やれるよ」

西武の紅白戦で名物になりつつある平用具係のアナウンス。「先発はデニー!あのノーコンピッチャーが見事に生まれ変わりました」

球場横の売店で、自分のグッズを買っていた近鉄・石井浩。「だって売れ残ったら恥ずかしいから自分で買うんです」

横浜のドラフト1位・細見は、初めて袖を通したユニホームに感激した後「大学時代はネイビーに紺だったんで」。正しくは「アイボリーに紺」でした。

ホテル暮らしの西武・デストラーデ。渡辺久に「六本木に遊びに行ってるな」と突っ込まれ「ロッポンギ？ どこですか。知りません。イケブクロなら知ってます」。西武グループの鑑です。

ロッテの選手会長・初芝が角刈り頭で登場。自分の頭に集中している周囲の視線を察して「へい！ 何、握りまひょ！」。引退後は寿司職人？

フリー打撃で好投してポスト・盛田に名乗りを上げた横浜・大家。「ポスト・盛田？ 僕、郵便局やないです」

マックの逆転打で4連勝にご満悦の巨人・須藤ヘッドコーチ。「1球毎、ていねいに指示した結果だよ。一晩経ったら忘れるタイプだから、忘れないために〝Don't Sleep〟と言っておいたよ」

記念すべき開幕戦の巨人先制ホームを踏んだ大久保。出塁は死球によるもので「腹が出ててよかった。デブは巨人を救う」

前日は九州産業大学グラウンドで練習を行った西武。島田マネジャーは報道陣に「あすは〝中洲産業大学〟で夜間練習を行います」。パーッといく練習になりそうです。

---

小雨の中でロッテの練習が行われ、ベテラン・金沢は「親父の遺言で雨の日は外に出るなって言われてるんだけど…」。体操の時はたった1人、ベンチの中。マジですか?

---

若手のお手本として2軍での練習を命じられた西武・奈良原。東尾監督に「まさか…まさか、ずーっとそのままってことはないでしょうね?」

---

試合前のロッテベンチで広岡GMがしみじみ。「きのうの練習でなあ。ああ、あの打者はいい振りをしてるなあ、背番号0って誰だろうって思ったら石毛だった」

---

強化運動終了後は足をひきずっていたのに、帰る時は歩いている投手陣を見た横浜・小谷コーチ。「おまえら、さっきのは演技か。元気いいな」。これを聞いた河原は途端に足を引きずってバスへ。

---

ティー打撃で1箱95球を連続して打ったダイエー・松永は「酒もティー打撃もイッキは体に良くないわ」

3勝目を挙げたロッテ・園川。練習の合間に水道水で顔を洗い、ろくにふきもせず外野方向へ。「一生懸命練習したみたいだろ?」

試合前、元ヤクルトの阪神・柴田バッテリーコーチに野村監督がキツーイ一発。「おい、阪神では頑張っとるらしいな。ヤクルトでは何しとったんや」

外野手・宮里のコンバートで尻に火が付いた横浜・谷繁は猛練習。「カミさんに電話で〝バカじゃないの?〟と怒られました。〝子供が頑張れって言ってるから〟って。まだ(生後)5カ月なのにねえ」。正妻の座を奪われたら恋女房のお仕置きが待っている?

午前8時から始まるロッテの早朝ウエートトレ。トレーニングルームの外にいた内藤に群がる報道陣に、丸山広報が思わず「もうそろそろいいですか?彼もマジですから。朝は」

ヤクルトから移籍してきたロッテ・ギャオス内藤は古巣について「古田は元気かな?ターフルは」。3歳上の先輩を呼び捨てにするなんてと思いきや「いいんです、ダチですから」

キャンプの打ち上げで、ダイエーの選手会長・若井は「三本締め」のところを「三三七拍子!」

ダイエー・秋山は連日の打撃練習で皮がむけた両手のマメを見つめ「これからサド、マゾの世界に入る。痛さが快感に変わるくらいじゃないとダメ」

安芸サブグラウンド横の坂道で、阪神の野手組が〝坂路調教〟。ベテラン・木戸が50メートルダッシュの後「これだったらうちの門から玄関ぐらいの距離だな」

巨人・斎藤雅の前に三塁も踏めず完敗のヤクルト・伊勢打撃コーチは「きょうは大久保らしくない配球だった。うちのミーティングを広沢が教えたんじゃないのかなあ」

２度目の写真誌登場となった木田を評し、巨人・長嶋監督は「１度だったら〝オヌシ、やるな〟という感じですけど、２度目となると再認識しなければいけませんねえ」。ほめているのか。クギを刺しているのか…。

ノックを受けていた阪神のルーキー・林が股間に打球を当ててダウン。「ボンレスハムぐらいになるかと思ったけど…。僕のはポークビッツですね」

１５８球の粘投むなしく4敗目を喫したロッテ・小宮山。「これからの課題は１５０球からのコントロールです」

ヤクルトの紅白戦で場内アナウンサーが9番・城を1番・真中と間違えて紹介。真中が打席に入って間違いに気づいて訂正するどころか「待ってました。真中がようやく打席にやってきました」

マイペース調整の近鉄・佐野が初めてブルペンに入ってキャッチボール。わずか9球で切り上げると「子供が急に勉強したくなったのと同じ。全然ダメ。こんな状態でブルペンに入ったら、ブルペンに失礼」

ブルペンで西村の投球を打席で観察したヤクルト・野村監督。「現役復帰したくなるほど、打ちやすそうな球や」

「どのコースでも打てるイチロータイプですね」との長嶋監督の評価を聞いた巨人・仁志は「じゃあ、僕はニシローと名乗ろうかな」

近鉄へのトレード組・荒井、小坂からあいさつされたヤクルト・野村監督は「人生いろいろ」を鼻歌で歌い「うるさいヤツがおらんくなって良かったやろ」

阪神・亀山のアキレス腱治療として、杉田トレーナーが秘技を発表。「除霊マッサージするで。これがまた痛いんや。すごい声が聞こえるから。窓越しに聞きに来い」

ロッテ・フランコはスポーツ紙で巨人・松井の写真を見つけて通訳に質問。巨人の有望選手で21歳という情報を聞き「ウソだろ？俺には40歳にしか見えない！」

オフの大騒動を経てキャンプインした阪神・新庄。「どんなふうに見えます？笑っているから楽しくやっている、とは限りませんよ」

「発表があります」。中日・寺西広報の重大そうな口ぶりに色めき立つ報道陣。「国道58号線はネズミ捕り（交通取り締まり）をやっているので気を付けて帰ってください」

ベンチで「♪ハッピーバースデー・トゥー・ユー」と大声で歌うオリックス・中西コーチ。62歳の誕生日を迎えて「誰も祝ってくれないから、自分で歌っているんや…」

キャンプの休養日に練習をしていたヤクルト・飯田を見つけ、松井総合コーチは「ユマに嵐が来るんじゃないか」

先発投手隠しにピリピリしているオリックス・新井打撃コーチは「きょうは早い回にたくさん点を取って、長谷川を楽にしたいな。あっ、言っちゃった…」

ランニング途中、ロッテのキャンプをのぞきに来た中日・与田。パラシュートをつけて走るトレーニングを見て「俺はただ走っても、パラシュートと同じ抵抗を受けるもん」。それを聞いたロッテ・津野は「肩幅あるもんね」

紅白戦で、二塁をオーバーランしてアウトとなった巨人・杉山。「ダンプは急に止まれないんだよ」。そんなに重いの？

2《メートル》08の長身を誇るロッテ・ヒルマンを見つめ、江藤守備コーチは「208か…。ホテルのルームナンバーみたいなやっちゃな」

中日・高木監督は、新外国人選手の入団テストが決め手を欠いた内容となり「決定は記者投票で決めようかな。投票したヤツは責任取れよ」

横浜・近藤監督が、練習見学の幼稚園児から質問。「オジサン、巨人に勝ったことあるの？」

「アイシング、アイシング」と言いながらうろうろしていた西武・前田に、森繁投手コーチが「この時期からそんなの必要ないだろ！氷水で頭でも冷やしてろ！」

7番左翼でスタメン出場のオリックス・高橋智。緊張しているかと思いきや「全然してないよ。守備についているときにオナラしそうになるよね」

理髪店が満員で髪を金髪に染められなかった西武・前田の話を伝え聞いた毒島総合コーチ。「いっそのこと、1軍は全員金髪、2軍は紫色にしたらどうや。楽しいで」

元同僚のオリックス・白井一に電話したロッテ・田村。「白井って言ったのに、平井につながっちゃった。休日で寝てたみたいで、悪かったな」。下町の関東一高出身だけに、発音は江戸っ子です。

千葉マリンでの試合前、ラジオ局の女性リポーターを見つけた巨人・長嶋監督は「あれっ、きょうは何ですか? 潮干狩りですか?」

巨人・長嶋監督は「この前、キムタクをキムラ・タクロウと言って、日本テレビの氏家社長に燦燦（さんさん）会で怒られちゃいましたよ」

巨人・長嶋監督は投手の小原沢について好評価。「ええ、オバラザワはフォークを覚えてオープン戦も調子いいんですよ。中継ぎとして結果を出しているし、上に残るでしょう。先発でもいけるかな」。小原沢の読みはコバラザワです。

守備のミスが連続している巨人・松井は調子を聞かれて「銚子商は準優勝だよ」

オリックス・イチローの「腕が2倍の太さになったらメジャーに行きます」発言を心配する仰木監督。グラウンドでイチローを呼び止め「あんまりウエートやったらいかんで。なにごともやり過ぎは、ようないで」

シリーズで打撃好調のヤクルト・秦に対し、野村監督が「パ・リーグの投手の方が合うな」。トレードが頭に浮かんだ秦は「ノーマークにしてくれますんで…」とモゴモゴ。

シリーズ初戦の白星に、ヤクルト・野村監督は「最初の勝ちはウソの勝ちと言うだろう」

ハマの守護神・佐々木が右アキレス腱痛でリタイア。竹田広報が報道陣にコメントを発表していると、後方から大声で「今季絶望ですか?」という強烈な質問。記者が振り返ると、そこにはニヤニヤ顔の大矢監督が。

ヴェルディ川崎のニカノール監督らが巨人を訪問。目の前で後藤にノックを行っていた土井コーチは「おいおい、そんなんじゃゴールキーパーとしてスカウトされないぞ!」

紅白戦で初ホーマーのカズ山本は「〝待て〟のサインなのに打ってしまいました…」。近鉄・佐々木監督は「何を言うとるんや。サインは〝打て〟や」

チョコレートの数が浜名に次ぐチーム2位だったダイエー・藤本。「若いファンはいない？そうだろうな。高知の飲み屋のママさんばっかりだろ」

インタビュー室でセンバツ中継を見る巨人・元木。奮闘する後輩たちに「こいつら（雑誌に載っていた）尊敬する選手ってコーナーに1人も俺の名前を挙げてないんスよ。どういうことスかね」

試合前に突然降ったアラレに横浜ベンチは大騒ぎ。沖縄出身のデニーは「すごいねえ！コレ食えんの？」。まずは試しに一口どうぞ。

オリックスの新外国人・ニールに「そんなに打てるなら、そのバットを譲ってくれ」と言われたイチロー。「いいけど、リトルリーグ用だよ！」

巨人・堀内投手コーチは、槙原の完全試合達成の秘話について「なんで中2日で行かせたと思う？それはな、投手がいないからなんだ。マキは大英断を下した俺様と宮本なんかに感謝しなくちゃならんのだ」

本書は、スポニチの名物コーナー「隠しマイク」に登場した、１９９０年から２０１５年まで
の記事を厳選、抜粋し、編集したものです。

# プロ野球《やきゅう》「名言妄言《めいげんもうげん》」伝説《でんせつ》1200

二〇一六年五月一四日　第一刷発行

著者　スポニチ隠《かく》しマイク
発行者　古屋信吾
発行所　株式会社さくら舎　http://www.sakurasha.com
東京都千代田区富士見一-二-一一　〒一〇二-〇〇七一
電話　営業　〇三-五二一一-六五三三　FAX　〇三-五二一一-六四八一
編集　〇三-五二一一-六四八〇
振替　〇〇一九〇-八-四〇二〇六〇

装丁　石間　淳

印刷・製本　中央精版印刷株式会社



ISBN978-4-86581-050-9